日本歴史
私の最新講義

倉地克直

「生きること」の歴史学

徳川日本のくらしとこころ

敬文舎

•刊行委員（五十音順）
荒木　敏夫
池上　裕子
大日方純夫
五味　文彦
栄原永遠男
白石太一郎
藤井　讓治
水本　邦彦

•装丁・デザイン
坪内　祝義

伊藤若冲『果蔬涅槃図』(京都国立博物館蔵)

釈迦の入滅に臨む菩薩や羅漢などを、野菜や果物で見立てた涅槃図。伊藤若冲(一七一六〜一八〇〇)は、京都高倉錦小路の青物問屋に生まれた。四〇歳で家業を弟に譲り、以後画業に専念した。

この絵は、安永八年(一七七九)の母の死を機に描かれたという説によれば、若冲六四歳頃の作品。中央の大根は釈迦、背後のトウモロコシが沙羅双樹に見立てられている。野菜の配置はリズミカルで、悲しみよりは、生きる喜びにあふれた「涅槃」の世界。

「生きること」の歴史学

徳川日本のくらしとこころ

●写真所蔵先・協力

京都国立博物館（口絵）
国立国会図書館（43・89ページ）
サントリー美術館（115ページ）
山口県立萩美術館・浦上記念館（128ページ）
個人蔵／川越市立博物館提供（154ページ）
東京国立博物館（302ページ）

●スタッフ

本文レイアウト＝姥谷英子
図版作成＝蓬生雄司
編集＝阿部いづみ
編集協力＝森岡弘夫

●凡例

・年号は和暦を基本とし、適宜、（　）で西暦を補った。
・登場人物の年齢は、数え年で表記した。
・本文は、原則として常用漢字、現代仮名遣いによった。
・引用史料は、原文を尊重して掲載したが、読みやすさを考慮して読点を補った。また、適宜ルビを付した。
・参考文献の詳しい情報は、巻末にまとめた。
・本書のなかには、現代の人権意識からみて不適切な表現と思われる史料を用いた場合もあるが、歴史的事実を伝えるため、当時の表記をそのまま用いた。
・写真使用につきましては十分に注意を払いましたが、なにかお気づきの点などございましたら、編集部までご連絡ください。

目次

まえがき

無文字社会にも歴史はある、と人類学者の川田順造さんは言う。彼らは太鼓のリズムからなる「太鼓ことば」でそれを伝える。文字のあるなしにかかわらず、ひとが生まれ、ひとのまとまりができたときから、わたしたちは歴史とともに生きてきた。ひとの前に道はなく、ひとの歩いたあとに道はできるという。それが歴史だ。

まだ見えぬ先の道を確かなものにするためには、歩いてきた道筋を確かめてみることも必要だ。登山でひとつの頂にたどり着いたとき、登ってきた道を振り返る。まだここまでしか登っていないのかと情けなくなることもあるし、よくここまで来たなと自分をほめてみたくなることもある。そうすれば、つぎの頂への元気も湧いてくる。道に迷ったときにはやみくもに進まず、もといた地点に戻って別のルートを探ってみるのが鉄則だ。歴史を振り返り、歴史に学ぶというのは、同じことなのかもしれない。

人びとが歩いてきたあとには、無数の道がある。人びとが行ってきたことには、無意味なことはなにひとつないはずだ。たとえそれが、「蛮行」や「愚行」といわれるものであっても。そうした歴史のひとつでも自分のものにできたなら、つぎの一歩はきっと確かで楽しいものになるだろう。

戦後生まれのわたしたちは、戦争の時代を繰り返さないという多くの人びとの決意に支えられて育ってきた。戦争を繰り返さないという決意は、戦争の時代を生きた人びとを否定することではない。その時代を生きた彼らの喜びや悲しみ、悩みや憤りに身を寄せながら、それを超えていくことだ。

そのためには、彼らを生んだもとの社会を知り、そこにあったさまざまな問題や可能性について考えてみたいと思った。そんな漠然とした思いから、江戸時代史に取り組むことになった。それから四〇年近くになる。取り組めば取り組むほど、江戸時代の社会や文化の豊かさに魅せられる。一つひとつの事柄は、やわな目論見を越えて、まさに自分の身になるものであった。

江戸時代人の経験そのものが、今のわたしたちを照らすものであることが、しだいにわかってきた。その智恵と力は、戦争の時代の人びとにもどこかで受け継がれていて、わたしたちのところまで流れているはずだ。

いくつかの小さな頂を踏んで、数年前に『徳川社会のゆらぎ』という本を書いた。社会を廻しているのは、ひとの生きようとする意志である。働きである。その小さな歴史から大きな歴史を再構築してみたいと思った。もちろん、人びとの営みは、押さえつけられたり、ねじ曲げられたり、空回りしたりするだろう。そうした時代や社会のあり様を描くことも、現実をみるわたしたちの目を鍛えるに違いない。そうした歴史が、今を生きるわたしたちには必要ではないか。

人びとの経験に寄り添って歴史を描くには、その経験の伝わり方にも注意しなければならない。記憶がどのようにつくられ、それがどのように記録されたのか。どのような資料を、どのように読めば、過去の人びとの思いや営みを知ることができるのか。

考古学者は、地層に含まれたあらゆる異物を遺物として保存し記録する。ときに徒労かと思われるような作業を続けながら、語るべき何かを探している。まずはその姿勢に学びたい。江戸時代は民衆がみずからの手で記録をつくり、伝えてきた時代だ。その資料を掘り起こす。そして、資料をそれがつくられた場のなかで理解する。そんな作業が必要だと考えた。資料は現在への伝言であるとともに、未来への伝言だ。わたしたちは、そのあいだにいるにすぎない。

東日本大震災が起きた。はじめは言いようのない無力感にとらわれたが、気を取り直して仕事をはじめたとき、その前後の歩みを地図の上に落としてみて、つぎのルートを探ってみたいと思うようになった。いつもの独り言だが、ここから生まれる対話があるならば、つぎの一歩はその分踏み出しやすいものとなるだろう。

第一講

歴史学とわたし

はじめに

最初の講義を「歴史学とわたし」というタイトルにしました。〈わたしにとっての歴史学〉ということよりも、〈歴史学にとってのわたし〉ということ、つまり、歴史学にとって「わたし」というものは、どのような位置にあるのだろうか、どのように関わるのだろうか、といったことを話してみたいと思ったからです。

みなさんは、どのような経緯で、歴史に興味をもつようになったのでしょうか。もし、高等学校の歴史の授業を通じて興味をもったという人がいれば、それはきっとすばらしい先生に恵まれたのでしょう。おおかたは、受験のための暗記ばかりで、ますます歴史嫌いになったという人のほうが多いに違いありません。授業はおもしろくなかったけれども、歴史小説やテレビドラマで興味をもつようになったという人は多いかもしれません。どちらの場合であっても、大学で歴史の勉強をはじめると、自分のイメージしていたのとは違って、戸惑ったりするものです。

最初に歴史に興味をもったとき、わたしたちはどちらかといえば、受け手として歴史に向き合っています。「趣味として」歴史を楽しむという場合、歴史とわたしの関係は、ほぼこの形で続きます。物事を楽しんでいるときに、人はなぜ楽しいかなどと考えないものでしょうが、ふと立ち止まってそのことに思いを馳せてみると、そこには歴史とわたしの独特な関係があることに気づくはずです。

スポーツを見て楽しんでいるうちに、下手でも自分もそのスポーツをしてみたいと思うものでしょう。受け手としての楽しみとは違う、作り手としての楽しみもあるのではないか。しかし、作り手にはそれなりの訓練が必要です。試合以外のところで、選手がどのように苦労し葛藤しているか。選手の技術の背景を知ると、ずっと深くゲームを楽しむことができます。

歴史学もスポーツと同じです。歴史と作り手の関係を知ることは、受け手として歴史に向き合う場合にも、意味のあることに違いありません。「歴史学とわたし」について考えるというのは、「歴史と歴史家」の関係について考えることと言いかえてもよいでしょう。

さて、これから「歴史と歴史家」について話してみたいと思います。そのことは、もしもあなたが歴史家の側に軸足をおいて何かしてみようとするならば、避けて通ることのできない問題ですし、受け手の側に軸足があるとしても、歴史と向き合うときにきっと役に立つはずです。

歴史とは何か

過去を再現する

歴史とは、何でしょうか。歴史学とはどんな学問でしょうか。

歴史とは過去の出来事であり、歴史学とはそれを再現する学問である、とひとまずは答えることができるでしょう。でも、すぐにつぎの疑問が浮かびます。「過去」とは何か。「再現する」とはどういうことか。そもそも何のために「過去を再現する」のか。

少し考えればわかることですが、すべての「過去」をそのとおりに「再現する」ことは不可能ですし、そうする必要もないでしょう。自分の過去でも、たとえ詳しい日記をつけていたとしても、思い出せないことはたくさんあります。ほかの人の助けを借りたとしても、「すべて」「そのとおり」ということはありえません。

ひとつの出来事について、集められた事実は多ければ多いほどたしかに安心ではありますが、どれだけ集めたら十分だか明らかではありません。少ない事実からでも、出来事の「本質」をつかむことはできるはずです。

事実を並べただけでは歴史になりません。無味乾燥だと思われがちな年表ですら、たくさんの出来事のなかから編者が必要だと思ったものを選び出して並べています。項目の選択には、編者の意図が働いているのです。表記の仕方に編者の評価がうかがえる場合もあります。ですから、同じようにみえても、じつはどの年表もそれぞれ個性的なのです。

つまり、歴史を再現するには、まず「選択」という行為が不可欠です。つぎには、選ばれた事実をどのように並べるか。事実と事実の相互関係を明らかにし、脈絡をつけていく。そのためには、事実の意味を「解釈」しなければなりません。解釈によって初めて、事実の脈絡が論理的に理解できるようになるからです。こうした選択や解釈を繰り返すことによって、しだいに歴史が再現されていきます。無味乾燥にみえる年表も、こうした選択と解釈の結果つくられたものです。そして、この選択と解釈を行うのが歴史家であり、歴史家たちなのです。

ちょっと余談になりますが、卒業論文などを書くときに、「まず年表をつくりなさい」と指導されることがあります。わたしもよく言います。このとき、出来合いの年表を引き写したものは役に立ちません。自分なりのものでないと、自分の論文を書くのには役に立たないのです。そして、論文を書き進めるにしたがって、年表も変わっていきます。まさにオリジナルな年表ができあがります。歴史の仕事は、いつも「わたし」の営みです。

歴史家の立場

ところで、ここまで「事実」という言葉を気楽に使ってきましたが、事実というのもよく考えると厄介なものです。わたしたちはふつう、資料を通じて過去の出来事を理解します。しかし、どんなに詳しい資料も、出来事のすべてを網羅しているわけではありません。資料は、ある個人や団体・機関などが、ある立場から、ある目的のために記録したものです。ですから、できるかぎり多様な資料を集めて比較検討し、出来事を多面的に理解しようと努力しなければなりません。

資料を鵜呑《うの》みにせず、批判的に検討することで、そこに書かれていない側面にまで目配りします。そもそも資料が本物か偽物かといった初歩的な判断すら、材質や様式の検討、内容の比較など、さまざまな作業を通じて行われるものです。こうした一連の作業を行うのも歴史家です。つまり、歴史の素《もと》となる事実も、歴史家によって吟味されたものなのです。

以上のように、歴史には最初から最後まで歴史家の関与が不可欠です。それ抜きでは、歴史も歴史学も成り立ちません。しかし、歴史家は歴史や歴史学における「絶対者」でしょうか。歴史家は、過去の出来事を無視することはできますが、それをなかったことにすることはできません。なかった出来事を仮想することはできますが、創造することはできません。歴史家は歴史や歴史学に主体的に関わりますが、それはさまざまな制約のもとにあるものだということも、おさえておきましょう。

一九世紀のヨーロッパ近代歴史学は、徹底した「事実尊重」の立場をとりました。それまでの歴史学が、宗教的信念や道徳的価値観によって過去を裁断してきたのを批判し、主観を排して客観に徹することを主張しました。いわゆる実証主義の歴史学といわれるものです。

たしかに実証主義は、史料批判の方法を鍛え、資料にもとづいて事実を構成する作風を定着させました。しかし、いくら客観に徹するといっても、資料や事実との関係における歴史家の主観性を否定しきることはできません。

歴史家と読者

あらためて、歴史家の側から歴史学の営みについて考えてみましょう。

歴史家をその仕事に則して規定すると、〈ある関心にもとづいて、ある方法を用いて、ある歴史像を描く人〉、といえるでしょう。とすれば、〈「課題設定」（問題意識）→「方法」→歴史像〉は、歴史家という主体のもとに、ひとつながりのものとして存在しているはずです。その意味で、あらゆる歴史は個性的であり、一〇〇人の歴史家がいれば一〇〇の歴史があるということになります。だから歴史学の論文を書くときには、「オリジナリティ」ということがつねに問われます。

他人の説を切り貼りするだけの人を歴史家とはいいません。

ただし、一〇〇の歴史は、まったくバラバラであるわけでもありません。歴史家の営みには、資料による制約や史料批判の規制、研究の蓄積などによって、おのずと重なり合う部分や共鳴し合う部分が生まれるものです。それが歴史に対する共通認識とか通説とかいわれるものであるのですが、そうしたものを踏まえたうえで、やはり、一〇〇の歴史が存在します。

そしてもちろん、通説を疑ってみるということも必要です。小さな差異が歴史像の革新につながります。新しい問題の発見が新しい方法を導き、それが新しい歴史像につながります。一〇〇の歴史はお互いに切磋《さっさ》琢磨《たくま》しあいながら、五〇になったり二〇〇になったりもしながら受け継がれます。そこに、歴史や歴史学のダイナミズム、おもしろさがあります。

一〇〇の歴史は、読者によっても淘汰《とうた》されます。歴史家の主観性や奢《おご》りは、読者の審判にさらされています。もちろん、売れる本に価値があって、売れない本に価値がないわけではありません。未来の読者によって発見されるものもあるでしょう。

そうしてみると、受け手である読者も、作り手である歴史家の作業に参加しているともいえます。そして歴史家と読者の距離が近くなればなるほど、歴史家の作業は生産的になるに違いありません。

「問い」をもつ

フェーブルとブロック

リュシアン・フェーブルはフランスの歴史家です。一九二九年に『経済社会史年報』という雑誌の創刊に参加します。当時のアカデミズム歴史学は、政治史を中心としたものでしたが、フェーブルたちは経済や文化に重点をおいた「社会史」を唱えました。『年報』はフランス語で〈アナール〉。ここから彼らのことを「アナール派」といいます。アナール派はアカデミズムの実証主義にも反対しました。

フェーブルは、歴史家の主体的な働きを重視します。歴史家は一身の内に歴史の「創造」の全過程を担っているからです。だからフェーブルは、「職人と建築家を截然《せつぜん》と区別する」ことを拒否し、「手仕事と発明」を結びつけることを主張します。

この喩《たと》えは、歴史家の営みをうまく表現していると思います。材料を用意するのも、設計図を引くのも、家を組み立てるのも、すべての工程がひとつの人格のもとに統合されていなければなりません。そして、そのすべての工程に、その人の「発明」があふれていなければなりません。

人間の苦労が無駄にならないように発明は到るところになくてはなりません。事実を入念に仕上げることは構築することに他ならず、一つの問いに一つの答を与えることだと言ってよい。そして、問いがなければ何も返ってこないのです。

そうです。はじまりは「問い」です。歴史学は〈「課題設定」(問題意識)→「方法」→歴史像〉というひとつながりの営みだと先に述べましたが、はじまりにあるのは歴史家の問題関心です。

問題提起こそ、まさにすべての歴史研究の始めであり終わりであるからです。問題がなければ歴史はない。あるのは単なる叙述、雑多な史実の寄せ集めです。

これらもフェーブルの言葉です。

マルク・ブロックは、リュシアン・フェーブルとともに『年報』の創設を担った歴史家です。彼は豊かな発想にあふれた人でした。「人間が語り、あるいは書くもの、彼が造るもの触れるものは、ことごとく、人間について教えることができ、また教えるはず」だという信念をもっていました。

たしかに、歴史の資料は無限です。歴史家の前には、奥深い資料の森が広がっているのです。しかし、この森に地図も磁石も持たずに踏み込めば、何も得られないだけでなく、ついには道に迷い、森から出られなくなってしまうでしょう。

この資料の森に分け入るための地図のことを、マルク・ブロックは「質問表」と呼びます。資料は受け身では何も答えてくれません。人が的確に質問することで、初めて何かを語り出すのです。そしてその答えに導かれて、つぎの資料に向かうことができますし、その応答を繰り返すことで、資料の森の中にひと筋の道がみえてくるものです。

この応答を実り多いものにするためには、質問表が周到に準備されている必要がありますが、それでも途中で質問が変わったり増えたりすることはよくあることです。ですから、質問表はガチガチであるよりは、融通性があるほうがよいかもしれません。問題関心が広くて深ければ、それだけ対応力があることになりますが、逆にあまりに漠然としていると、資料のほうでも答えようがないことになります。はじめは確実な質問からはじめて、しだいに質問表を豊かにしていくのがよいでしょう。

まあ、これも経験です。いずれにしても、「問い」こそが、すべてのはじまりです。

阿部謹也と上原専禄

優れた西洋史家であった阿部謹也さんに、『自分のなかに歴史をよむ』というおもしろい本があります。わかりやすくて深い本です。その最初に、阿部さんの学生時代の思い出が出てきます。歴史学を専攻する学生は、卒業論文を書かなければなりません。阿部さんはその時期になってもテーマが決まりませんでした。そこでいくつかの案を考えて、先生の上原専禄さんに相談に行きます。しかし先生はこれにしろとは言わずに、「どんな問題をやるにせよ、それをやらなければ生きてゆけないというテーマを探すのですね」と言うのです。これには阿部さんも困ってしまいます。

当時、阿部さんは二人の妹さんを実質的に養っていましたから、生きていくために必要なテーマというのは、パンのことしか思い浮かばない状況でした。悩みに悩んだ末に、阿部さんはドイツ騎士修道会をテーマに選びます。これにはそれなりの理由がありました。阿部さんには、戦後の貧窮状態のなかで、中学生時代をカトリックの修道院が設けていた施設で過ごした経験があったからです。このテーマ設定には、それなりの必然性がありました。

ここから阿部さんの質問表ははじまります。そして、研究を進めるうちに、その質問表はどんどん豊かになり、じつに斬新な歴史像を描くようになります。その過程が『自分のなかに歴史をよむ』という本に書かれているのです。

「それをやらなければ生きてゆけないというテーマ」と言われて、そのテーマをすぐに思いつくことができる人はほとんどいないのではないでしょうか。阿部さんの場合は、本当にうまくいったほうだと思います。

上原専禄さんには、歴史の研究や学習は「国民」一人ひとりにとって必要なものであり、歴史家の仕事はそれと別のものであってはならないという強い信念がありました。歴史家と読者の関心を一致させると言いかえてよいのかもしれません。そうした歴史の研究とは、つぎのようなものだと上原さんは言います。

自分をも含む国民が、生活や仕事のなかで、いわば直接的に感じとった問題、それも、からだ全体で感じないわけにはいかなかった問題、そのような諸問題にかかわって、因果関係や機能関係や意味関係の追究が必要だと思うのであります。

こうした上原さんの方法は、「課題化的認識の方法」と呼ばれています。これまでも、歴史学は法則発見的な学問か個性記述的な学問か、ということが議論になってきました。

一見多様にみえる事柄に共通する普遍的な側面を法則化することで、人類史を統一的にダイナミックにとらえることができるかもしれませんが、逆に法則が公式化されて、それを歴史に当てはめて説明するだけになる危険もあります。個々の出来事や人物について微細に描くことは興味深い面もありますが、それだけでは人間や社会の普遍的な側面がみえてきません。その両方の欠点を克服する方法として、課題に則して歴史から学ぶという認識方法を提起されたのでした。

上原さんの方法では、歴史を研究・学習する者の主体性が重視されます。その主体的な課題化を通じて歴史が認識されるわけですから、この場合もやはり、事実が先にあるのではなく、課題に応じて事実が選択されることになります。とりわけ上原さんの提起で重要なのは、その課題が、その人もしくは人びとの現実生活に根ざしたものであるということです。

歴史家もここでいう「国民」のひとりであり、「時代の子」です。上原さんの論文は今から五〇年以上前に書かれたものなので、今では「世界」のあり方も大きく変わっています。グローバル化が進んだ現在であれば、「人類」や「地球市民」と言いかえるべきでしょうが。

クローチェとカー

『年報』が登場する一〇年ほど前に、イタリアの歴史家ベネディット・クローチェは、「すべての真の歴史は現代の歴史である」と主張し、その意味をつぎのように説明しました。

何故ならば、現在の生の関心のみこそが人を動かして過去の事実を知ろうとさせることができるということは明らかである。したがってこの過去の事実は、それが現在の生の関心と一致結合されている限りにおいて、過去の関心にではなく現在の関心に答えるのである。

クローチェが言うところは、上原専禄さんの言おうとしたところと同じです。しかし、だからといって現代の関心で過去を勝手に裁断することは許されません。過去は畏敬をもって尊重されなければなりません。そこには緊張関係が必要です。そのことをイギリスの歴史家E・H・カーは、『歴史とは何か』という本で、つぎのように述べました。

歴史とは歴史家と事実との間の相互作用の不断の過程であり、現在と過去との間の尽きることを知らぬ対話なのであります。

現在をひとりの人間として生きることと歴史学の営みとは、けっして切り離されてはならないというのが、彼らに共通する信念でした。リュシアン・フェーブルもそのことを若き歴史学徒に呼びかけました。

歴史を研究するためには、決然と過去に背を向け、まず生きなさい。生活に没頭しなさい。さしずめ知的生活といったところでしょうが、多様な知的生活に。（中略）これだけではありません。もし、諸君が思想から行動を、人間としての生活から歴史家としての生活を切り離し続けるなら、これまで述べたことは無きに等しいのです。

ちょっと大げさな話になりすぎたでしょうか。実際の日々の作業では、歴史家はもっと小さな具体的な問題をチマチマと追いかけているものです。しかし、たとえ小さな問題であっても、質問がうまくつながっていかないということは、よくあるものです。そのときには、一度、大もとの問題意識のところに返って考え直してみると、道が開けてくることがあるものです。

歴史の研究を進めるには、質問表の点検が欠かせません。どのような「問い」をもつか。どのように「問う」か。それがはじまりであり、終わりでもあります。そのためには、まず生きなさい。生きる自分の足もとを掘りなさい。歴史学の大先輩たちは、そう言っているように思います。

歴史学の目的

学問と現実

学問とは、ひと言でいえば、人がより良く生きるための手だてです。そして、「より良く生きる」ということの意味や内容は、時代や個人によって異なります。それによって、必要な手だての種類は異なりますし、その配置も違うはずです。

「より良く生きる」ためには、物質的なものを欠くことはできません。しかし、言うまでもないことですが、人はパンのみで生きるのではありません。「こころ」の満足、言いかえれば、精神的・文化的な豊かさというものを欠くことはできないのです。物質的なものと精神的なものをどのように組み合わせていくのか、それも時代によって変わります。

一九世紀以降の学問は、物質的生産の技術と個人の幸福追求を中心に組み立てられてきました。それが、地球環境の破壊や貧困と格差の拡大をもたらしたことは、誰の目にも明らかです。個人と国家を枠組みとする文化も、その状況に拍車を掛けています。

歴史学もこうした大きな学問の流れのなかにあり、その流れを後押しする役割を果たしてきました。生産の発展、個人の権利の拡大、民族や国家の自立、総じて「進歩」を価値とする歴史像を描いてきました。そして、その矛盾が明らかになると、環境破壊や差別と貧困の歴史を取り上げました。歴史学も歴史像も現在と深く関わり、時代とともに変化しています。

現実の政治・経済や生産活動は、いちど動き出すと自動機械のように進みます。いちどボタンを掛け違えると、止めどなく狂いつづけます。最近のテロと報復の連鎖や原子力発電の問題などは、その典型でしょうか。

学問は現実から出発しながら、そうした現実に追随するのではなく、事態の背後にある歴史や本質、対応の原理を提起することによって、批判的な立場を確保します。それは一見、傍観者的であるようにみえて、より現実的なつぎの一歩を準備するでしょう。

歴史学にできること

学問はそのように現実と関わりますが、その関わり方はそれぞれに固有です。過去を対象とする歴史学にも、それなりの現在との関わり方があります。

歴史学が、現代社会での物質的な生産に直接役立つ、技術的に貢献する、ということはほとんどないでしょう。物質的豊かさを保障する制度や政策に直接関わることも多くはありません。過去の物質的生産のあり方に関わる技術や制度について明らかにすることはできるでしょうが、それをそのまま客観的な条件の異なる現代社会に適応することはできないからです。政治や社会問題の解決に直接つながる提案をすることもできません。歴史学の成果は、せいぜいそれらに示唆を与えるにとどまります。ただし、その示唆を小さなものと感じるか大きなものと考えるかは、受け手次第でしょう。

歴史の示唆には、おもに二つの側面があります。一つは、現在の諸事象がどのようにして起こったのか、その経緯や来歴を明らかにするということです。ここでは、過去と現在との連続面が注目されます。

もう一つは、今は失われてしまった過去の智恵に学ぶということです。現在の社会や生活は、過去の人びとの多様な営みや智恵を、すべて真っすぐに受け継いでいるわけではありません。現代は伝統の破壊と忘却のうちにあるといったほうがむしろ正確かもしれません。こちらでは、過去と現在の断絶面が意識されます。過去を掘り起こし現在に再生することが、歴史家の仕事になります。

こうした歴史の示唆は、問題を正しく深く理解する鍵となるはずです。その示唆の意義は、決して小さくないとわたしは思います。

歴史の効用

他方、現代の精神的・文化的生活において、歴史に対する「教養」が重要な位置を占めていることも疑うことができません。過去の人びとと出会い、そのさまざまな営みにふれることは大きな喜びです。人生に潤いをもたらします。歴史に盲目である者は、現在に対しても盲目である、ということはよく言われることですが、過去を見る目は現在を見る目を鍛えてくれます。

カナダの日本史研究者であったハーバート・ノーマンは、歴史の効用について、つぎのように述べています。

歴史の研究は多くの人びとにとって、休息であり、喜びであり、娯《たの》しみでありうるとともに、それは結局最も教化力の大きな習慣であると私は確信する。人間はもし歴史をもたなかったなら、動物と大差のない生活を送らなければならないであろう。歴史はわれわれに過去に向って旅をして、過ぎ去った世代の人びとの生活を精神的に共有することを許すものであるが、もっと重要なことは、それによってわれわれが全人類と平和的協同的に生活することができるようになるということである。歴史はどんな教訓にもまして、われわれを寛容に、人間的に、そしておそらく賢明にさえするものである。

わたしたちは歴史を学ぶことによって、「寛容に、人間的に、そしておそらく賢明に」なることができるでしょう。それによって、世界の人びとと「平和的協同的に」生きることができるようになるでしょう。現在歴史を学ぶ意味は、ほとんどここに尽くされていると思います。

ノーマンの言葉を読むとき、わたしはいつも大江健三郎さんがノーベル文学賞をもらったときの受賞演説を思い出します。そこで大江さんは、「ディーセント」（decent 上品な）という印象的な言葉を使っています。この言葉は「人間味あふれた」（human）、「まともな」（sane）、「きちんとした」（comely）、という言葉と並列されるような語で、大江さんはこの「ディーセント」ということを「人生の習慣」にしたいと述べています。

ノーマンが生きていれば、大江さんを「歴史に学ぶ人」と呼ぶに違いありません。

歴史と自由

イタリアのカルロ・ギンズブルグは、わたしの敬愛する歴史家のひとりです。彼は中世の宗教裁判の記録を「さかなで」に（記録者の意図を逆手にとって）読むことで、当時の民衆の精神をあざやかに描き出してきました。「16世紀の一粉挽屋《こなひきや》の世界像」という副題のついた『チーズとうじ虫』という作品は、その代表作ですが、そこにつぎのような言葉があります。

「かつて起こったことは何ひとつ歴史から見て無意味なものとみなされてはならない」とウォルター・ベンヤミンも想起させている。しかし、「人類は解放されてはじめてその過去のあらゆる時点を引用できるようになる」。そして、過去を引用するとは、解放されている、ということである。

ベンヤミンは、人類が究極的に解放されるという遠い未来の理想を語ったのですが、ギンズブルグは、それを過去をみる目として読み替えます。過去を正しく引用するためには、現実から解放されていなければならない。そんな目でみたからこそ、一六世紀の粉挽屋メノッキオの世界像を理解することができたのだとギンズブルグは言っているのでしょう。さらにわたしは、このことを歴史を学ぶ日常的な過程として読み替えてみたいと思います。

わたしたちは、どうしようもなく現実にとらわれています。すぐに解放された目をもつことはむずかしいことです。それでも、そのとらわれている現実を理解しようと歴史を学ぶとき、ひとは少しだけ自由になります。それによって現実から少しだけ解放されます。その解放されたところから歴史を学ぶと、新しい歴史がみえてきます。それによって現実でも、また少し自由の領域が広がります。こうして歴史と現実の理解との循環が深まっていきます。

それが歴史を学ぶ過程であり、そこに歴史を学ぶ目的もある。メノッキオの世界を探求することを通じて、現代を生きるギンズブルグは、そんな解放感を獲得したに違いありません。それが『チーズとうじ虫』という傑作を生み出したのです。そして、この作品を読むことで、わたしたち読者も現実から少し解放されます。

ノーマンの言う「寛容」で「人間的」で「賢明」な習慣というのも、そんな解放された自由な精神を指しているような気がします。

おわりに

歴史の旅に出ようとする若者に、わたしも何か気の利いたはなむけの言葉を贈りたいと思いましたが、こんな訳のわからないものになりました。きっとわたしの質問表に、考えの至らないところが多いのでしょう。これからも考えつづけたいと思います。それにしても、優れた歴史家との対話は、実り多く楽しいものです。

時代の曲がり角に立つとき、未来の道筋を見つけることは容易ではありません。そんなときこそ、人びとが歩んできた足跡を振り返ってみる必要があるのではないでしょうか。最後に、アメリカの日本史研究者であるキャロル・グラックさんの言葉を贈ります。

あらゆる良い歴史のためのレシピはいたって単純だ。私が思うに、良い歴史とは、大きな問い、深い経験的実証、そして「芯からの情熱（fire in the belly）」からなる。つまり、重要な問題、解釈を支える証拠、そして書くことを促す政治的、社会的、あるいは道徳的根拠が組み合わさったものなのだ。なにが良い歴史をつくるのかについてのこのような見解はとくに新しくはないが、実践することは非常に難しい。それでも、この種の歴史学に好都合な時代というものもある。私たちは今、そのような時代のひとつのただ中にいるのだと思う。

「大きな問い」と「深い経験的実証」、それを突き動かしているのは「芯からの情熱」です。その情熱は時代との格闘から生まれるものであり、現代は情熱を生み出すのに「好都合な時代」だとキャロル・グラックさんは言います。

わたしたちの心に火を付けるような事柄は、身の回りにいくつも見つけられるはずです。そこから考えをはじめてみましょう。きっと清冽《せいれつ》な知恵の泉が湧いてくるに違いありません。

みなさんと歴史学との出会いが実り多いものとなることを祈って、最初の講義を終わります。

第二講

生きることとジェンダー

はじめに

わたしたちが大学の教養教育としてジェンダーに関わる授業をはじめたのは、一九九〇年（平成二）のことでした。はじめは「女性論・男性論」というタイトルでした。一九八五年（昭和六〇）に「男女雇用機会均等法」が制定されています。この法律は、正式名称を「雇用の分野における男女の均等な機会及び待遇の確保等女子労働者の福祉の増進に関する法律」といいました。内容はまさにこの名称のとおりです。

当時の企業には保守的な女性差別の風潮が根強くあり、また、いわゆる「高度経済成長」が峠を越え、オイルショックによって経済が混乱したあとでしたから、こうした法律の実現には多くの困難がともないました。

実現までのドラマは、かつてＮＨＫの人気番組「プロジェクトX」でも「女たちの一〇年戦争─『男女雇用機会均等法』誕生」として取り上げられましたし、当時の労働省で法律制定の中心になった赤松良子さんの自伝によっても知ることができます。もちろん法律ができたからといって事態がすぐに改善されたわけではありませんが、それでも少しずつ変化は現れていました。そんな時代に、この授業ははじまりました。

　そのあと、授業の名称は「性を考える」と変わり、さらに各パートに分かれて半年ごとの授業がいくつか並列することになります。わたしたちは、そのうちの歴史パートを担当しました。その後、わたし自身がコーディネーターになり、それから二〇年以上がたちます。授業のタイトルも内容も、時代の状況にあわせて変わってきました。

　そして、そのつど授業をまとめて講義録をつくって出版してきました。『「性を考える」わたしたちの講義』『男と女の過去と未来』『働くこととジェンダー』という三冊です。そこでわたしは、「開講にあたって」という講義をしています。それを読み比べていただくと、時代の変化とそれにわたしたちがどのように応えようとしたか、おわかりいただけると思います。

　現在は、「生きることとジェンダー」というタイトルで授業をしています。引きつづき「働くこと」が焦点ですが、現在ではそれをより広い視野から、人生全体を見据えて考える必要があると思うようになりました。それで「生きること」と題を変えています。もちろん、時代とともに変化しているといっても、わたしたちの授業に一貫していることもあります。それは、「男と女の問題を歴史的に考える」ということです。このあたりの説明から話をはじめたいと思います。

男と女の歴史学

性差を考えるとは、どういうことか

「男と女の問題を歴史的に考える」という言葉には、二つのことが含まれています。一つは、男と女という性差を考えるとはどういうことかということ、もう一つは、歴史的に考えるとはどういうことかということです。

まず、一つめのことです。言うまでもないことですが、わたしたちはひとりで生きることはできません。生まれる前から死んだあとまで、何らかの関係のなかで生き、そして死んでいきます。たとえば、親子という関係や友達という関係がありますし、教師と学生という関係や、政府と一般市民という関係、会社と労働者という関係、生産者と消費者という関係など、さまざまな関係があります。

一人ひとりの個人は、その一方の立場に身をおいて、その関係のなかで生きているわけです。もちろん、ひとりが同時に複数の関係に関わっていますし、同じ関係のなかでも立場が変わることもあります。時間の経過によって、子が親になったり、部下が上司になったりするわけです。

男と女の関係というのも、わたしたちが生きていくうえで必要な、ひとつの社会関係です。しかし、男女の関係というものは、ほかの社会関係とはちょっと違ったところがあります。

一つは、ほかの関係と重複して存在するということ。つまり、たとえば親子関係にも父親と娘とか母親と息子とか、性差がかぶさりますし、会社の上司と部下という関係でも男性同士の上下関係と女性の上司と男の部下とか、やはり性差がかぶさります。

二つには、同じ親子関係でも、「父親と息子」と「母親と息子」では同じではありませんし、上司が男性か女性かでも上下関係は微妙に、いや大いにでしょうか、違います。つまり、どんな関係も性差というものをかぶせてみないと、実際のところはわからないということがあります。

そういう意味で、男と女の関係というのは、特別な関係だということができます。

ある社会関係には、その関係を律するための規範が存在します。たとえば親子関係であれば、親は「こうすべきだ」、子は「どうすべきだ」というガイドラインです。この規範によって親子関係があるかたちをとり、その規範に双方が従うことによって、関係がスムーズに動くわけです。ですから、この規範に従うのはある意味で居心地がよいのですが、ときにはその規範が窮屈に感じられることもあります。

性差については「ジェンダー」という言葉が使われます。一般には、「自然」な生物学的な性差である「セックス」に対して、社会的・文化的な性差を「ジェンダー」といいます。ここでは社会や文化を対象に考えていますから、これからは性差のことを「ジェンダー」として考えることにします。

先に述べた規範というものは、社会や文化によってつくられたものですから、規範は「ジェンダー」の一部です。そして、規範としての「ジェンダー」は、男女にとって相互的なものです。たとえば、男が能動的であるのに対して女は受動的であるとか、男が戦闘的であるのに対して女は平和的であるとかいわれるように、社会では男と女の規範が対になって機能しているのが普通です。

もちろん規範が社会的・文化的であることは、いつも忘れないでください。社会や文化が違えば規範も違いますし、社会や文化が変われば規範も変わります。つまり、「ジェンダー」は相互的であるとともに可変的なものです。

ところで、社会的な規範というものは、声高な命令や暴力などを背景とした強制として、個人に迫ってくるわけではありません。それは、制度や習慣といった枠組みのなかで、教育や情報などを通じて個人の内面のなかに徐々に沈殿していくものです。

こうしたことを最近では「刷り込み」といったりしますが、いつしか意識のなかに刷り込まれていますので、そうした社会的な規範にしたがって行動することが、あたかも個人の自主的な意思であるかのように感じてしまいます。こうした状況を「規範の内面化」といいますが、そのため普通には、社会で常識とされている規範を疑ってみるということは、なかなか困難なことなのです。

しかし、しばし立ち止まって振り返ってみると、じつは何も考えずに常識にしたがって行動しているにすぎないということに気づくことは、よくあることではないでしょうか。知性とは、本来、既存の価値や常識を疑ってみる、こうした反省的で批判的な知の働きのことをいうのだと思います。学問は、この知性にもとづいています。

歴史的に考えるということ

常識を疑ってみるということは、それを絶対視せずに相対化してみるということです。この相対化には二つの方向があります。一つは、視点を空間的にヨコにずらして、他の地域の社会や文化と比べてみること。もう一つは、時間軸をタテにずらして比較してみる、つまり歴史に学ぶということです。わたしたちの授業で大切にしている二つめの歴史的に考えるというのは、この意味でありました。

では一般に、歴史に学ぶということの意味は、どのように考えることができるでしょうか。その一つは、現在の諸事象が拠ってくる由来・来歴を理解するということです。言うまでもないことですが、さまざまな事柄というものは、ある日突然に降って湧いたわけではありませんし、長いあいだ何の変化もなくずっと続いているわけでもありません。過去の出来事の積み重ねのなかで生まれてきているのであり、ある状況のなかである種の必然性があって生まれ、ある種の理由があってそれが続いたり、変わったりしてきているわけです。

もちろん、そうした事柄の来歴がわかったとしても、そのことですぐに問題の解決策がわかるわけではありません。しかし、そのことも知らずに的確な判断をすることはできません。歴史に学ぶのは、つぎに進むためのはじめの一歩であることは間違いないでしょう。

もう一つは、今は失われてしまった過去の人びとの知恵に学ぶということです。現在のわたしたちの社会や生活は、人類の優れた遺産をすべて受け継いでいるわけではありません。むしろ、その破壊と喪失のうえに成り立っているといってもよいほどです。とくに、近代の工業化のなかで多くの優れた技術や文化が失われてきました。現在、環境問題が深刻になるなかで、かつての技術や文化が見直されつつあります。そうしたものを現在の状況に適応させながら再生することに、多くの人が関心をもつようになっています。

一四世紀にイタリアではじまった「ルネサンス」は、古代ギリシャの思想や芸術を再生することによって、新しい世界を切り開きました。そのように、これまでも人びとは過去の再発見と再生を通じて、つぎの一歩を踏み出してきたのです。これが歴史に学ぶ二つめの意味です。

さて、歴史学のなかで男と女の問題をおもに扱ってきたのは、「女性史」という分野です。この学問は、現実に差別を受けている女性たちの「なぜ女は差別されるのか」という切実な「問い」にはじまるものでした。そして、女性差別の由来を男尊女卑の封建社会のなかに見出しました。これが、女性史が歴史に学んだ一つの答えでした。

そのなかで女性史は、かつて女たちが輝いていた時代があったことを発見します。これは、現実の差別を相対化するのにふさわしいインパクトのある発見でした。このことは平塚らいてうの「元始《げんし》、女性は太陽であった」という言葉に示されていますが、それは「今、女性は月である」という現実と対照させることによって、いっそう輝きを増す宣言でした。

『青鞜』第1巻第1号　平塚らいてう「元始、女性は太陽であった」が載る。1911年(明治44)刊。

らいてう自身は、それを歴史的に深めたわけではありませんが、高群逸枝《たかむれいつえ》など彼女に続く人たちがそれを受け継ぎました。これが、女性史が歴史に学んだもう一つの答えでした。現実と切り結ぶなかで、こうした発見や学びが行われたのでした。

ただし、現在ではこうした女性史の解答が根本的に見直されつつあります。たとえば、封建社会を女性にとっての暗黒時代とみる考えは、そのままでは通用しなくなっているからです。

女性史から女性生活史へ

長く女性史の教科書的な役割を果たしていたのは、井上清さんが一九四八年（昭和二三）に出した『日本女性史』でした。この本は、戦後民主主義の高揚期に書かれたもので、女性解放の道筋を明らかに示そうとするものでした。

これに対して、一九七〇年代の初めに「女性史論争」というものが起こります。村上信彦さんが、井上さんの女性史は闘う女性に偏っていて、しかもそのとらえ方が教条的・一面的だと批判したのです。そして村上さんは、圧倒的多数の普通の女性の歴史をこそ明らかにしなければならないと主張しました。虐げられ、痛めつけられながらも、たくましく生き抜く普通の庶民女性の生活を描かなければならないと主張したのです。こうした村上さんの主張は生活史としての女性史と呼ばれ、一定の共感を呼びました。

このころから、聞き取りなどを通じて、祖母や母の歴史を記録する運動が広がります。差別の告発や解放運動に限らない、女性をめぐる多様な側面が注目されるようになり、実証的な研究も深化します。

こうした流れのなかで、一九八二年に『日本女性史』全五巻が刊行されます。その意図は、「刊行にあたって」という文章のなかで、「私たちは、これまでの、婚姻史や運動史を中心にすえた女性史研究をのりこえ、また近年の興味本位の女性史を克服して、文字通り『歴史のなかの女性』の実像に迫るために、各時代における女性の地位、性別役割分担などを、その社会構造との関連において考察しようとした」と述べられています。

この文章の前半部分は、解放史か生活史かという女性史論争を踏まえたもので、後半の「社会構造との関連において」というのが、このシリーズのセールスポイントです。つまり、国家・社会・共同体・家などのなかにおける女性の地位と役割を明らかにすることによって、女性史を全体史のなかに構造化しようということです。その目論見は、それなりに成功したと思います。

そして、そのことを通じて、それまではいささか「孤立」していた女性史が、全体史のなかの部門史として、明確に「自立」することになります。いわゆる学会誌に女性史の研究論文がふつうに掲載され、学術誌が定期的に女性史の特集を組むようになります。女性史研究者も、アカデミズムのなかで一定の地位を得るようになります。それは、「均等法」以降、女性の社会進出が進むのと揆を一にするようでした。

一九八〇年代後半になると、女性史は生活史の視点を強く打ち出すようになります。それは、村上さんのころのような、ちょっと酷な言い方をすれば、即物的な生活の記録とは異なった生活史でした。それは、当時広く知られるようになっていた社会史の影響を強く受けていました。女性生活史が、全体史への強い指向性をもつ社会史として構想されるようになります。こうした流れのなかで、一九九〇年（平成二）に『日本女性生活史』という全五巻のシリーズが刊行されます。

そこには、「女性の問題を単に女性の問題としてでなく、女と男の関係の問題、生産と生活における男女協働の問題としてとらえることを強く求めるようになっている」という時代認識が強くありました。女性史を「男と女の関係史」に組み替えようという努力がはじまります。このあたりのことは、先にあげたわたしたちの講義録である三冊の本をみてください。

ジェンダー史をどうみるか

一九九四年から九五年にかけて、『ジェンダーの日本史』という上下二冊の本が出ます。収められた論文のテーマをみてみますと、『日本女性生活史』のものが基本的に受け継がれていることがわかります。つまり、労働・性愛・出産・育児・ライフサイクルといったテーマが、女性史の中心的なテーマになってきているわけです。

『ジェンダーの日本史』の「序言」は、あえてジェンダーという言葉を標題に掲げた意味を、「男女双方の関係から成り立つ社会の動態を捉えようとした」と説明しています。つまり、「ジェンダー」という視点が、「男と女の関係史」の展開として受容されていると理解することができるでしょう。

日本での「ジェンダー史」の普及に大きな意味をもったのは、一九九二年に翻訳刊行されたジョーン・W・スコットさんの『ジェンダーと歴史学』です。この本についてはあとでもふれます（59ページ参照）。

「ジェンダー史」の意義については、社会学者の上野千鶴子さんが一九九五年に書かれた「歴史学とフェミニズム」という論文で、「『ジェンダー史』は、女性史とちがって、第一に男女の両性を含むことができること、第二に『性別』の歴史的編成を問題化できることで、女性史をより大きな領域のなかに置きなおすことができる」と述べられています。

このような指摘は、一九八〇年代から九〇年代にかけての女性史の流れをみてきたわたしたちには、よく理解できるところです。ポイントは、男と女の関係をとらえるということと、いかに全体史にリンクするか、ということです。ただし、その点でも、「男と女の関係史」と「ジェンダー史」の立場や方法について、よく検討してみる必要があります。

たとえば、「関係史」というとらえ方は、問題を性・生殖・家事・育児など私的領域における直接的な男女関係に限定してしまう危険性があると、その狭さを指摘する批判がありましたが、それは当たっていないように思います。「関係史」の意図は、男女関係を政治的・経済的・文化的な背景を踏まえた社会構造として分析することにあるからです。

他方、「ジェンダー史」では、構造主義フェミニズムの影響からジェンダーを「権力関係」としてとらえる傾向が強いのですが、この場合には社会のなかでのさまざまな権力関係や抑圧機構との関係が歴史的に検討されなければならないでしょう。フェミニズムでは男女関係の政治性や権力関係を広く「政治」という語で表現しますが、その「政治」の各レベルでの現れ方や関連がていねいに描かれなければならないということです。

つまり、「関係史」が古くて「ジェンダー史」が新しいということではないと思います。ここでも、「男と女の関係史」と「ジェンダー史」とが緊張関係をもちながら、両者の歴史像を重ね合わせていくことが求められている、と考えます。

二〇世紀から二一世紀へ

世界女性会議

話を歴史学のことから現実の問題に戻してみましょう。そしてちょっと時間をさかのぼります。アジア太平洋戦争後の動きです。

戦後に結成された国際連合は、一九四八年（昭和二三）に「世界人権宣言」を制定しています。この宣言は、その後、世界の人びとの共通の目標とされてきましたが、その柱のひとつが男女同権の実現ということでした。

国連は結成以来、その実現に向けて運動を進めていましたが、さらにその運動を加速するため一九七五年を国際女性年と定め、メキシコシティにおいて第一回世界女性会議を開催します。この会議には一三三か国の政府などが参加し、「平等・開発・平和」を目指す「行動計画」を定めました。それを受けた国連総会は、一九八五年までをその実現を目指す「国連女性の一〇年」とし、各国が取り組みを進めることを決議します。

そして、中間年にあたる一九八〇年に、コペンハーゲンで開かれた第二回世界女性会議で「女性差別撤廃条約」が提案され、日本政府もこれに署名しました。各国政府は条約を批准し、それを持ち寄って「国連女性の一〇年」を締めくくる第三回世界女性会議をナイロビで、一九八五年に開くことになりました。日本政府もこの条約を国会で批准するために、いくつかの国内制度の変更に取り組みますが、そのひとつが「男女雇用機会均等法」の制定でした。

一九九五年（平成七）、第四回世界女性会議が北京《ペキン》で開催されます。この会議では、ナイロビ会議以降一〇年間の活動を検証するとともに、二一世紀に向けて新しい戦略を打ち立てることが目標とされました。

北京会議には、一九〇か国から五七〇〇人もの政府代表が参加しましたが、それ以上に注目されたのは、NGO（非政府組織）フォーラムに三万二〇〇〇人の人びとが参加したことでした。日本からも五〇〇〇人を超えるNGOの人が参加したそうですが、これほどの規模で国家の枠を越えた人びとの交流が実現したのは、本当に画期的でした。

この会議で採択された「行動綱領」は、A貧困・B教育・C健康・D女性に対する暴力・E紛争下の女性・F経済・G権力と責任の分担・H地位向上のための機構・I人権・Jメディア・K環境・L少女という一二項目にわたる網羅的なもので、そのそれぞれが二一世紀に向けての課題とされました。この「綱領」については、二つのキーワードに注目しておきたいと思います。

その一つは「エンパワーメント」(empowerment 力を蓄える)ということです。広範な課題を実現していくためには、政府の取り組みだけではなく、それを受け止める女性たちの力量を高める必要があるということです。こうした立場は、当時の国連の「開発」理論に影響力があり、のちにノーベル経済学賞を受賞するアマルティア・センたちの考えによるものと思われます。センは、「経済の開発」よりも「人間の潜在能力の開発」を重視します。つまり、教育や集団的な活動をとおして、女性自身の主体的力量を高めることを重視しようというのです。

もう一つは、「セクシュアル・ライツ」(sexual rights 性の権利)という概念が提起されたことです。この「性の権利」という言葉は、「強制や差別を受けることなく、性について自由にコントロールする女性の権利」と説明されています。女性自身が、みずからの性について自由権を有しているということです。こうした考え方は、前年の一九九四年に開かれた国連の世界開発人口会議で、「リプロダクティブ・ヘルス」(reproductive health 性と生殖に関する健康)ということがいわれたわけですが、それを発展させるかたちで取り上げられたものでした。

これは、リプロダクティブ・ヘルス/ライツともいわれるように、女性の権利を「性と生殖」という女性の身体性に即してとらえようということです。そして、身体性を問うということは、まさに女性一人ひとりの個体に即してとらえるということです。

以上のように、北京女性会議は画期的なものでした。しかし、その後の状況はけっしてかんばしくないように思います。国連は二〇〇〇年に特別総会「女性二〇〇〇年会議」をニューヨークで開催し、北京「行動綱領」の実現状況を確認したうえで、つぎの五年間に運動を加速させることを決議します。そして北京から一〇年後の二〇〇五年に「北京＋10」が開かれて、一〇年間の総括が行われました。ただし、この会議はそれまでの大規模な集会とは違って、国連女性の地位委員会の閣僚級会合として行われました。

この会議の総括では、女性の識字率や女性の地位向上のための法整備などで前進がみられたものの、女性の貧困や女性への暴力の拡大、先進国でのリプロダクティブ・ヘルス／ライツについての逆流など、困難な面が増大していることも指摘され、引きつづき北京の「行動綱領」の実現に取り組むことが確認されました。世界の道筋は、現在もこの「行動綱領」のうえにあるといってよいでしょう。

一九九〇年代の変化

じつは、北京女性会議をはさむ一九九〇年代というのは、第二次世界大戦後の世界の大きな転換期でした。戦後長く続いた「冷戦構造」が終結し、イギリスの歴史家エリック・ホブズボームは「短い二〇世紀」の終わりと評価しました。

社会主義に対する資本主義の「勝利」が宣言され、市場万能主義が蔓延《まんえん》し、競争主義が謳歌《おうか》されます。アメリカ一国による世界支配のもとでグローバリゼーションが進み、国境を越えてマネー資本主義が昂進《こうしん》します。世界中で格差が拡大し、政治・経済の不安定化が進行しました。

日本では、八〇年代後半からのバブル経済が九二年に崩壊し、のちに「失われた一〇年」と呼ばれる不況期になります。リストラ・失業率の上昇などとあいまって、「就職氷河期」を迎えます。この時期に大学を卒業した学生は正社員になることができず、「ロスト・ジェネレーション」と呼ばれています。「フリーター」（学生と主婦を除く一五歳から三四歳までの若者のうち、パート・アルバイト・派遣などで働く人たちと働く意志のある無職の人たち）や「ニート」（働くことも学ぶこともしていない人）が社会問題となり、「格差社会」が深化します。

「生きること」の課題が「働くこと」に集中していると強く感じたわたしたちは、なんとか学生たちにエールを送りたいと思い、授業のタイトルを「ジェンダーと働くこと」に改めました。

こうした九〇年代の変化を、社会学者の本田由紀さんは「戦後日本型循環モデル」の崩壊と呼びました。「もともと日本の社会は、仕事と家庭と教育の間で緊密な循環が特異な形で成り立っていた」として、それをつぎのように説明します。

教育から仕事へ移行するに際し、新規学卒者の一括採用によって、大半の学生が時を置かずに正社員になる。正社員になると、年功序列によって家族の形成と維持が可能になる。家族は収入や意欲を子どもの教育に注ぎ、次世代をこの循環に乗せるよう投資してきた。

つまり、〈仕事→家族→教育〉という安定した循環が、戦後の経済発展を支えたというのです。ところが、市場万能主義によって「規制緩和」と「構造改革」が進められ、競争が激化する一方で雇用が不安定化しました。それによって、それまで仕事・家庭・教育の内部で進行していた矛盾が、いっきょに噴出します。たとえば、リストラや家庭内暴力や「いじめ」といったかたちで矛盾が顕在化し、循環そのものが崩壊した、というのです。

本田さんも言うように、この現象の遠因には、仕事・家庭・教育の相互依存関係が強くなりすぎて、それぞれの領域の自立性が弱まったことがあります。仕事・家庭・教育それぞれの領域における自律的な価値と機能の崩壊、とりわけ仕事の場における価値と秩序の崩壊が決定的でした。

戦後日本の労働慣行はよく知られているように、〈終身雇用制・年功序列制・企業別組合〉を特徴としていました。そこでは、「平等性」と「協調性」が価値とされてきました。こうしたものを「ぶっ壊す」ことを目指したのが、いわゆる「新自由主義」です。そこでは「自由化」と「競争的環境」が価値とされ、「自己責任」が強調されました。

二〇〇〇年代の状況

ところが、二〇〇八年九月に「リーマンショック」が起こります。これにより世界同時不況に陥り、各国で金融危機とデフレ、労働崩壊が深刻となります。「新自由主義」の破綻が明らかになり、経済政策は右から左へ、競争から保護へと修正されます。しかし、従来の政策の惰力は大きく、経済動向は一進一退を続けています。

日本でも「デフレ脱却」が至上命題とされ、非正規雇用を拡大する動きは止まりません。加えて「限定正社員」など、正規労働の多様化と階層化も進んでいます。二〇一三年の調査では、大学新卒者の三人に一人が三年以内に退社し、宿泊業や飲食業では二人に一人が辞めているということです（『朝日新聞』二〇一三年一〇月三〇日）。それだけ労働の質と環境が劣悪だということなのですが、他方では若者たちによる「ブラック企業」の告発など怒りも広がっています。

また、劣悪な条件でも働かざるをえない若年世帯が増えるなか、保育を保障する態勢の整備が進まず、子育て世代の不満が拡大しています。子育て予備軍である就活男子のあいだで、「将来育児休業を取りたい」という希望が四割を超えるということです（『朝日新聞』二〇一四年二月一三日)。

こうして今、働くことをめぐる状況は後戻りできないかたちで、新しいステージに入っています。多様性と平等性をいかに保障するか、自由と安定をどう確保するのか。そうしたものを、二者択一ではなく、両立させるような「第三の道」が求められているといえるでしょうか。

ただし、そこにはつねに緊張とバランスの調整がつきまとうでしょう。しかも、この両立を短期間の課題として解決することは、むずかしそうです。どうしても、その時々にはいずれかに比重がかかるのは避けられないように思います。つまり、短期的な視野ではブレが起きやすく、長期的な視野で考えないとバランスシートはつくれない、ということなのではないでしょうか。

「働くこと」から「生きること」へ

そうしたなかで、わたしたちは講義のポイントを「働くこと」から「生きること」にシフトしました。「生きることとジェンダー」という看板に掛け替えたのです。では、今なぜ「生きること」か。それは、「働くこと」を自分の長い人生のなかで考えなければならないし、「働き方」を「生き方」の問題として考えなければならない、と強く思うようになったからです。

大学を卒業して働く職場を決める、いわゆる「就活」ですが、今では、それですべてが決まるということはありえません。生涯という長いスパンで「働くこと」をみる必要があると思います。その際に、どのような問題群に注目しておくべきでしょうか。具体的には、つぎのような問題について、現状と変化の方向をとらえることが必要だと考えています。

一つは、就労の流動性と多様性はますます増すだろうということ。かつてのような終身雇用制に祖先返りすることはないでしょう。職種や企業の大小・性格にもよるでしょうが、イノヴェーションや起業の波も高まるでしょう。人生のあいだに何度か就労をめぐって選択と決断を迫られることは、不可避のように思います。そのときに、できるかぎり選択の幅を広くもち、自分の人生の可能性を広げるような選択ができるかどうか。日頃から「生き方」について、自分なりに深めていることが、必要なように思います。

二つは、少子・高齢化はますます進むだろうということ。これによる福祉の後退、または高負担による維持。いずれにしても、それによって熟年層の労働化率は高まるでしょう。そのとき、熟年層と若年層とのあいだで、就労や職能の配置とバランスをどうするのか。一人ひとりにとっても、社会においても、問われることになるでしょう。

三つは、NGO（非政府組織）・NPO（非営利組織）・ボランティアなどの領域が拡大するでしょう。公務と民間とでは割り切れない就労の世界が広がり、民間でも「協同組合」型の組織がますます広がるでしょう。人びとのつながりを強めることで、働きがいや自己実現につながりやすい環境が広がり、企業に勤めながら社会貢献を行う「プロボノ」（公共善のための活動）も広がるでしょう。

四つは、定住と仕事をめぐる問題。一九九〇年以降の長期不況のなかで、仕事と人口も東京への一極集中が進み、都市を含め全国で人口流出が進みました。しかし近年では、一方的な流出ではなく、UターンやIターンのかたちで地方へ回帰する動きも起きつつあります。東日本大震災以降、地域循環型経済の試みや里山資本主義の提唱などにより、地域活性化の新しい波も起きようとしています。

これらの問題群が相互に絡み合いながら、国土・社会・生活スタイルの構造的転換のなかで「働くこと」の意味と様態が、一〇年単位くらいで変わっていくと思います。

四つの問題群は、世代によって関わり方が異なります。個人にとっても年齢に応じてライフステージが変わるにしたがって関わり方が変わります。そのなかで、一人ひとりがみずからのライフデザインと「生き方」を考えていかなければなりません。誰かが何かしてくれるわけではありません。一人ひとりの「生」（Life）が大切にされる社会は、自分たちでつくるしかないのです。

「生きること」の女性史

スコットさんの嘆き

『ジェンダーと歴史学』（Gender and Politics of History〈ジェンダーと歴史の政治学〉）の著者であるジョーン・W・スコットさんは、一九九五年（平成七）の北京女性会議にひどく批判的です。たとえば、「行動綱領」には二〇〇か所ほども「ジェンダー」という言葉が登場するが、それらは単に「女性」という言葉を言いかえたものにすぎず、「総じて無害なものに見える」と言い切っています。

スコットさんの著書の最初の版がアメリカで出版されたのは、一九八八年（昭和六三）です。ヨーロッパやアメリカでも、一九七〇年代から女性史研究が社会史と結びつきながら活発になり、それまで歴史の陰に隠れていた女性たちの姿が、多様に描き出されるようになってきていました。

しかし、そこにはスコットさんからみて危険と感じられる徴候が潜んでいました。一方では、女性の問題が社会史の既存の説明の枠組みのなかに解消されてしまう危険があり、他方では、女性の問題が専ら女性特有の物語として「分離主義的なやり方で読まれてしまう」危険です。

この両極の危険を回避して、「歴史の主体として女性を構築すること」を通じて、「歴史の補充」から「歴史の書き直し」へ迫るためには、「ジェンダー」という概念の導入が必要だというのが、フェミニズムの立場に立つスコットさんの主張でした。その意義は、先に上野千鶴子さんの整理にしたがって示したとおりですし、その後女性史研究が活性化したことも確かです。

ところが、一九九九年に出された「新版」でスコットさんは、「ジェンダー」概念の導入に消極的というか、訳者の荻野美穂さんの言葉を借りれば「批判的なスタンス」が目立ちます。「ジェンダー」という語は広がったけれども、他方で、女性固有の利害関心をあらゆる問題の前提におくことで、逆に女性の「自然化」に陥ると批判したのです。

そして、「社会生活のあらゆる領域や局面において（女性の）同一性を前提にするのではなく、個別具体的な意味を読み取らなければならない」と注意します。男女の権力関係や政治性を指摘すれば事足れり、というような状況を危惧したのでしょう。事実はもっと微妙で複雑です。このあたりのスコットさんの主張はよく理解できます。

ただし、スコットさんの北京の「行動綱領」に対する批判は当たらないと思います。そこでは、性と身体の問題を女性一人ひとりの個体に即して考えることと、女性一人ひとりを主体として立ち上げることが重視されていました。それは、それまでの取り組みをさらに発展させる筋道を示したものであり、的確なものだとわたしたちは考えています。むしろ問題は、女性史や「ジェンダー史」が、その課題と本当に切り結んでいるかどうかということだと思います。

女性史研究の新しい波

そうした目で一九九〇年代後半以降の研究をながめてみますと、まず目につくのは「性と生殖」をめぐる研究です。一九九八年に沢山美果子さんの『出産と身体の近世』が出ます。沢山さんは、近代の「母性愛」についての観念を相対化するためには、〈産む〉身体をめぐる歴史を明らかにしなければならないという立場から、江戸時代の出産管理をめぐる問題を取り上げます。

具体的には、出産や堕胎・間引きに関する資料を読み解くなかで、当事者である女性自身の〈産む〉身体に依拠する身体観と、「家」の存続への願いを背景に、男や共同体をも巻き込んで展開する〈産む〉営みを描き出していきます。二〇〇五年には続編として『性と生殖の近世』が出ます。そこでは、胎児観から生命観へ、堕胎・間引きから捨子へと対象が広げられますが、それは「生命」の問題への関心の深まりでもありました。

そのなかで、出産という局面にかぎらず、女性の生涯を対象としたライフサイクル論や歴史人口学との接点が探られたのも重要なことでした。また、『日本女性生活史』第三巻「近世」での「売女考―近世の売春―」以降の論考をまとめた曽根ひろみさんの『娼婦と近世社会』も、二〇〇三年に出ています。買売春の問題を身体性に即してとらえた仕事でした。

二〇〇八年には、荻野美穂さんの『「家族計画」への道』が出ます。荻野さんは、すでに一九九四年に『生殖の政治学』を刊行していました。こちらは、マーガレット・サンガーとマリー・ストープスを中心に、アメリカ・イギリスの「バース・コントロール」をめぐる「政治」を描いたものでしたが、『「家族計画」への道』では、そうした動向が日本にも紹介された二〇世紀の初頭から現代までの「産児制限」や、避妊・中絶をめぐる「政治」が描かれます。

それは、政策や制度をめぐる「せめぎ合い」ではありますが、荻野さんはそれ以上に、避妊や中絶の具体的な方法や、それをめぐって起こるさまざまな問題、「政治」のなかで揺れる当時の人びとの声、そうした実感あふれる事象をすくい上げようとします。それは、まさに身体性の具体に即してとらえることでした。

二〇世紀の長い歴史を振り返って荻野さんは、「女たちは、そのときどきの時代的文脈と制約のもとで、権力や法や男による管理に対してあるときは無視や不服従で対抗し、自分たちの利益にかなうと判断したものに対しては進んで迎え入れたり自分に都合よく流用することによって、利害の調整をはかろうとしてきた」と述べています。

女たちの側からみたこのまとめは、よく理解できます。他方、男女の関係性を重視したいわたしたちからみても、そこには共通の場が広がっています。女たちによる権力や男との利害対立・交渉・調整の過程には、男の側の矛盾や葛藤も関わっているはずであり、男たちの妥協や協調が居着く余地があります。女の現実の複雑性や多義性は、女と男の相互関係の反映だからです。「ジェンダー史」の観点からすれば、女性史と並んで「男性史」も書かれるべきであり、書くことができるはずでありました。荻野さんたちもかなり学際的ではありますが、一九九九年に『共同討論　男性論』という本を出されています。

歴史学の仕事としては、阿部恒久・大日方純夫・天野正子編の『男性史』全三巻が二〇〇六年に出ます。このシリーズでは、それまでの研究が「男らしさ」をめぐる言説や男性に関するイデオロギーや意識に偏っていたことを反省し、「男性という実体の実態」を明らかにすることを目的としたと述べられています。

しかし、多様な男性像を描こうとしたとき、一般史、とりわけ社会史との違いがほとんどなくなってしまいます。そのことは、いろいろな事情があったでしょうが、このシリーズが近代以降だけを対象にしていることとも関係があるでしょう。近代以前の社会では、「人」は男であり、男を単独で取り上げるだけでは男のジェンダーは描きにくく、女性との関係を意識しながら描くことが近代以上に求められるのだと思います。

『男性史・2』で沢山美果子さんは、三宅恒方《みやけつねかた》という二〇世紀初頭を生きたひとりのインテリ男性を取り上げます。じつは沢山さんには、すでに恒方の妻である三宅やす子を、「近代家族」における「主婦」の「典型」として取り上げた仕事があって、それと合わせ鏡にすることによって男女の関係性を剔《えぐ》り出してみたいという明確な意図がありました。二人の関係は、沢山さんが『近代家族と子育て』で展開する「近代家族」論の重要な位置を占めることになります。

ほぼ同じころ、坂井博美さんの『「愛の争闘」のジェンダー力学』という本が出ています。この研究は、自然主義文学者として有名な岩野泡鳴とその再婚の相手であった岩野清（清子）との関係と思想を、同棲から結婚・離婚に至る過程を追いながら明らかにしたものです。坂井さんの叙述は、清の生涯を中心にその主張に寄り添って進められますが、あわせて泡鳴の小説や訴訟資料にも依拠しながら、双方の主張の「ジェンダー」性を炙《あぶ》り出していきます。

二人の仕事は、男と女という主体が実際に向き合う場から、「ジェンダー」の相互性や葛藤を読み解くものです。そこから、男女の相互関係の現実を合わせ鏡のように描き出すことで、「ジェンダー史」が内実を獲得している様子を確かめることができると思います。

夫婦というものは、たしかに時代のジェンダーが生々しく現れる場です。他方、夫婦はじつに個性的です。「幸福な家庭はみな同じようなものだが、不幸な家庭はそれぞれに異なっている」というのは、トルストイの『アンナ・カレーニナ』の冒頭の言葉です。そこに夫婦の相克や危機を描くおもしろさがあるのでしょうが、「幸福な家庭」を含めて、社会における男女の「政治」がより立体的に描かれることが期待されます。

ライフサイクルを問うこと

もう一つの手がかりは、先に沢山さんの紹介のところでもふれたライフサイクル論です。大藤修さんの『近世村人のライフサイクル』が二〇〇三年に出ています。このテーマの研究は、女性のライフコースの研究からはじまりました。幕末期の江戸近郊農村の宗門改帳《あらためちょう》を分析した、森安彦さんの仕事が画期的でした。『日本女性生活史』第三巻「近世」でも、藪田貫《やぶたゆたか》さんが武士・町人・百姓の女性のライフサイクルを具体的に描き出しています。

一九九五年に出た大口勇次郎さんの『女性のいる近世』は、女性と社会を関係づける方向でライフサイクル論を深めています。大藤さんは、「ライフサイエンスの一環としての歴史学」ということを主張しています。大藤さんは人の生死も対象にしますから、この「ライフ」には「生命」の意味も含まれるでしょうが、ライフサイクルとなると、「人生」というニュアンスが強くなります。

「ライフ」への注目は、一方で「子育て」に、他方で介護問題に向かいます。農村の男たちが書いた「日記」を読み解いて、江戸時代の「子産み」「子育て」を描いた太田素子さんの『子宝と子返し』が二〇〇七年に出ます。同じ年に、武士と百姓の介護の実態を分析した柳谷慶子さんの『近世の女性相続と介護』も出ています。岡山藩を中心に、領主による「孝子節婦」褒賞事例を検討した妻鹿淳子《めがあつこ》さんの『近世の家族と女性』でも、男女の関わる介護の状況が描かれています。「近代女性のライフサイクル」という副題をもつひろたまさきさんの『女の老いと男の老い』では、男女のアイデンティティとの関係で「老い」が取り上げられます。ひろたさんの本の刊行は二〇〇五年ですが、一九九九年には天野正子さんの『老いの近代』も出ています。「老い」も「ライフ」に欠かせないテーマです。

ところで、こうした「ライフ」に注目する研究では、女性自身が書いた資料が大切にされています。しかし、女性の記録にもとづいて女性の生活を丹念に復元するだけでは、彼女が「生きた」現実を本当に明らかにしたことにはなりません。こうしたことは、子安宣邦《こやすのぶくに》さんが一九九七年に指摘しています。

藪田さんは、みずから見つけた西村さくの「日記」を慈しむように読みますが、同時に男の書いた日記と比較しながら、公私の世界との関わり方の性差について指摘しています。資料読解では、記録のもつジェンダーバイアス（性差による偏向）をいかに読みほぐすかが強く意識されるようになってきました。

男と女の関係性を見据えながら、一人ひとりの「生」（Life）のあり方を明らかにしていく。性と身体をめぐる諸問題が、そのもとで関連づけながら深められていく。「女性史」や「ジェンダー史」といわれるものも、その大きな流れのなかにあるのだと思います。

おわりに

二四年間にわたった、わたしたちの男と女をめぐる授業の話は、これで終わりです。わたしたちが、「生きる」ときどきの現実と歴史研究の流れの両方を見据えながら授業を組み立ててきたことを、少しはおわかりいただけたでしょうか。

「男女雇用機会均等法」は、その後二度改訂され、努力義務であった差別の禁止が罰則をともなうものに強化されるなど改善もみられますが、複雑化する労働環境に十分に対応できていないことも指摘されています。

働きすぎの「男なみ」に働く女性や、「非婚」の女性が増加しています。「子育て」に関わりたいと願う若い男性の前にも、高い壁があります。女の問題は男の問題であり、男の問題は女の問題でもあります。社会でも会社でも、家庭でも、男と女が話し合い、そのつど調整と協調の仕組みをつくっていくしか道はないでしょう。

年齢とともに「生きること」のステージは、どんどん変わっていきます。社会もどんどん変わります。みなさんのこれからの人生には、何度も選択の機会があるでしょう。やり直しもそれなりにきくものです。そのときにブレないために、今を見つめ、今を生きましょう。

わたしは毎年授業の終わりに、受講生のみなさんに、赤松良子さんの言葉を贈ることにしています。「プロジェクトX」の最後にも出てきます。進むべき道に悩む女性たちに、赤松さんはいつも決まってこう助言するそうです。「猛烈に勉強しなさい。そして働きなさい。チャンスは必ずやって来る。思いは叶います」と。

これは女性に限ったことではありません。男性にとっても十分に当てはまることです。すべての働く人へのエールだと思います。勉強してください。働きはじめても、アンテナを広げて勉強してください。そして、たいへんだけど、働きつづけてください。

これでこの講義を終わりにします。

第三講

徳川日本のライフサイクル

はじめに

人は誰でも、自分の生きたいように生きてみたいと思っています。しかし、他方では、生きたいように生きられるものではないということも、知っています。人は望むと望まないとにかかわらず、「時代の子」であり「社会の子」であるからです。

長い人生のあいだには、何度も選択を迫られる機会があるものです。そこでは誰もが最良の選択をしたいと思うものですが、迷いながら選ぶことも少なくないでしょう。よりたしかな選択のためには、自分のおかれている環境を正しく認識することが必要です。そして、選んだからには、その道を突き進んでみる。そのことによってしか、つぎの選択の幅も広がらないでしょう。

人の一生は、出生にはじまり、乳幼児から子どもへ成長し、成人・独立、結婚、出産・育児、相続・隠退、死亡、と段階的に進みます。もちろん、途中で断ち切られる人生もありますし、非婚といった跳び越しもあります。このそれぞれの段階で選択が行われるわけですが、同じ時代や社会であっても、おかれた環境によって、人生はさまざまなかたちをとることになります。

まさに「人生さまざま」なのですが、それでもそれらのあいだには、共通する傾向や標準的なかたちというものはあるものです。これをライフサイクルといいます。もちろん、同じ時代であっても、身分・階層、地域などによって人生の軌跡は異なりますから、いくつかのライフサイクルとして描くことも可能です。

ライフサイクルというとらえ方では、個々に多様な生活の実態が無視され、過度の単一化に陥りやすいという批判があります。そうした立場から、個々の人生に注目してライフコースという言葉を使おうという意見があります。

しかし、たとえばわたしたちが人生の選択をする場合、バラバラの無数の選択肢があっても、どれを選択してよいか、ますます迷うだけではないでしょうか。いくつかの個性的な道と一般的・標準的な傾向とをあわせて考えることで、ある程度納得できる選択に至るのではないでしょうか。実際の人生というものは、個人の一貫した個性と時代らしいライフサイクルとのかね合いのなかにあると思います。そうした意味で、時代のライフサイクルをとらえることが大事だと思います。

先の第二講では、江戸時代のライフサイクル論が女性史の分野からはじまったことを紹介しました。そこでも述べましたように、わたしたちは女性史をジェンダーや男と女の関係という視点から深めたいと思っています。そうした意味では、個人のライフサイクルは、男と女、子ども・老人を含めた家族のライフサイクルと切り離すことができないということになります。

子どもから大人へ

徳川日本から考える

では具体的に、徳川日本のライフサイクルについて考えてみましょう。ただし、今から三〇〇年以上前のことですから、当然現代とは時代状況が違います。

まずおさえておきたいのは、徳川日本は身分制社会であったということです。「士農工商」というのは実際の身分とは異なりますが、大きく身分といえば、武士と村や町に住む庶民とに分けられますし、これらとは区別され差別的に扱われるようになる「えた・非人」などの身分もありました。加えて、それぞれの身分のなかでも階層差が大きくありました。

ひとくちに武士身分といっても、将軍・大名と足軽では雲泥の差がありますし、百姓や町人のあいだにも、大きな経済的格差がありました。他方、経済的豊かさや社会的地位という点からみると、被支配身分の上層の者のほうが支配身分の下層の者よりは上位にありました。つまり、身分と階層というものが、複雑にねじれて存在していたわけです。

他方、身分と階層を異にするさまざまな人間集団も、単婚小家族を中心とした「家」を基礎とするという点では共通していました。江戸時代以前には、自立的に家族を営むことができない人びとが少なくありませんでした。そうした人びとは、有力家族の世帯に包摂され、従属的な生き方をせざるをえません。そんな時代でした。それが一七世紀の後半になると、庶民のあいだでも「家」を営むことが一般的になり、一八世紀前半には、村のなかでも二代、三代と存続する「家」が多くなります。

こうなりますと、身分を超えて「家」を存続させるということが共通の目標になり、身分を超えて共通の社会規範が広がるということが起きます。実態は階層的に多様だが、意識の面では共通性が広がるというのが、徳川日本の特徴でありました。

もう一つおさえておきたいのは、徳川日本では〈生き延びる〉こと自体が、大きな課題であったということです。医療・衛生環境、食料・栄養事情とも十分ではなく、飢饉・疫病・災害が頻発しました。平均寿命の正確な数字はわかりませんが、一九世紀末の日本でも、男四二・八歳、女四四・三歳といわれています。

その後も数字は伸びず、一九四七年（昭和二二）にも男五〇・一歳、女五四・〇歳であったのが、二〇一二年（平成二四）のＷＨＯの調査では、男八〇・〇歳、女八七・〇歳になったそうです。平均寿命の劇的変化が起こったのは、高度経済成長以降のことでした。

しばらく以前には、六一歳の「還暦」というのは、重要な「歳祝《としいわ》い」でした。近頃では「還暦」はほとんど重視されません。他方、江戸時代でも「還暦」を祝うことはまれです。それよりも重視されたのは「四二歳賀」でした。村々には「四二歳賀」の「祝儀帳」が多く残されていいます。これが誰もがする「歳祝い」の最後だったのでしょう。もちろん八〇歳、九〇歳まで生きる人もいましたが、そういう人はまれであったため、領主から褒賞される対象でした。

徳川日本は、人の「いのち」が自然の脅威と偶然性に支配されていた社会であったことをおさえておきたいと思います。

子どもの生きにくさ

以下では、江戸時代中期に陸奥《むつ》国会津郡大橋村に住んでいた角田藤左衛門《つのだとうざえもん》と、一七世紀を生きた武蔵国川越の塩商人榎本弥左衛門という二人の人生を中心に、一九世紀の武蔵国生麦《なまむぎ》村の関口家を交えながら、さらには一般的な状況をも参照して、話を進めていきたいと思います。

この三家は、庶民のなかでも上層のクラスといってよい家です。角田藤左衛門については第二講でふれた太田素子さんも分析しておられます。榎本弥左衛門については大野瑞男《みずお》さんなどの研究があります。それらに学びながら、わたしなりに考えたことを話してみたいと思います。その生涯を七七ページと八四ページの表に整理しておきました。

さて、最初は出生から乳幼児期のことです。江戸時代の乳幼児の死亡率が高かったことは、よく知られています。生まれた子どものうち、成人まで生き延びるのは半数ほどでした。武士でも下層の場合は、乳幼児死亡率が庶民と同じように高かったことは、わたしの『徳川社会のゆらぎ』のなかで書いています。武士についてはそちらを参照してくださると幸いです。

子どもが罹《かか》りやすい病気には、麻疹《はしか》・疱瘡《ほうそう》・流感・痢病《りびょう》がありました。これらは流行性のもので、いったん広がると、免疫や体力のない乳幼児が生命を奪われました。つまり江戸時代は、子どもの生きにくい時代であったわけですが、とくに女の子には生きにくい時代でした。わたしがよく例にあげます美作国《みまさか》勝南郡《しょうなん》高下村《こうげ》の場合を少し紹介してみましょう。

一九世紀初めの二〇年間をみてみますと、この村の「宗門改帳」に登録された子どもの数は、男が三五人、女が三〇人です。出生登録の時点ですでに五人の差があります。このうち一〇歳未満で死亡したと推定される子どもの数は、男が一一人、女は一三人です。推定死亡率は、男子が三一・四％であるのに対して、女子は四三・三％です。この結果、一八世紀から一九世紀の初めまで、村の人口の男女比は、女が男の三分の二ほどでした。男の子も生きにくかったけれども、それ以上に女の子にとって生きにくい時代だったといえるでしょう。

角田藤左衛門家の場合はどうでしょうか。藤左衛門は、寛文九年（一六六九）陸奥国会津郡大橋村の角田助左衛門の三番めの子（次男）として生まれました。幼名は長三郎。のちに与兵衛、さらに藤左衛門と改名しますが、以下では藤左衛門で通します。助左衛門には四人の子がありましたが、その出生の詳しい状況を藤左衛門の「覚書」からうかがうことはできません。

藤左衛門は一九歳のとき、四歳下のつると結婚します。二年後の二一歳のとき、斉宮助が生まれます。しかし、斉宮助は三歳で疱瘡に罹って亡くなります。二三歳にははなが生まれますが、この子も三歳のとき「腹中病み」で死亡します。たぶん疫痢でしょう。

二六歳のとき生まれた長三郎は、無事成長し、跡取りになります。しばらく間があいて三七歳のときにではが生まれます。この娘は一五歳で結婚しますが、二一歳のとき実家で亡くなっています。理由はわかりません。四〇歳のとき正之助が生まれますが、二歳で疱瘡に罹って亡くなります。つづいて四二歳のときにうえ、四四歳のときに留之丞が生まれます。この二人は、無事に育ったようです。

以上、生まれて「名付け」が行われた子どもが七人。うち三人は三歳までに死亡。成人したのち若くして亡くなった子が一人。結局、藤左衛門が亡くなるまで生きていた子は三人でした。上層の藤左衛門家の場合も、先に述べた一般的な状況と変わることはありませんでした。

角田藤左衛門の生涯　　「万事覚書帳」(『伊南町史』第5巻、2000年)より作成。

年代	西暦	年齢	事項
寛文 9年	1669	1	正月23日、角田助左衛門の3番めの子(次男)に生まれる。幼名長三郎
延宝 8年	1680	12	鴇巣村徳左衛門娘つる(8歳)と縁定め
天和 3年	1683	15	白沢村利兵衛へ手習いに参る(10/21〜12/28)
貞享 1年	1684	16	白沢村利兵衛へ手習いに参る(1/17〜4/5、11/4〜12/27)
2年	1685	17	白沢村利兵衛へ手習いに参る(2/3〜3/27)
3年	1686	18	麻荷物12駄持ち初めて江戸へ参る。日光参拝、木綿少し宛買い帰宅
4年	1687	19	前髪落とし、元服。伊勢参宮、熊野・西国・秩父札納め(2/16〜5/14) 祝言、つる大雪そりにて参る。烏帽子成り、与兵衛となる
元禄 1年	1688	20	鹿沼へ麻買いに参る
2年	1689	21	中津川へ布買いに参る。京都へ布2駄持ち上る。伊勢遷宮に参宮 留守中に斉宮助出生。つる(17歳)乳腫れ物、年を越して本復
4年	1691	23	斉宮助疱瘡、江戸へ麻売りに参る留守中に病死(3歳) 娘はな、鴇巣村にて出生。この年鹿沼・上州・越後で97駄布買う
6年	1693	25	新宅に移る。別家し田地半分ずつに分ける。娘はな、腹中病み死去(3歳)
7年	1694	26	長三郎出生、取上母下女はな。藤左衛門と改名
8年	1695	27	祖父喜右衛門77歳にて病死
14年	1701	33	この年より麻も兄弟中間離れ、別々になる
15年	1702	34	別家願い叶わず。この年より布商いも中間離れ、別々になる
宝永 1年	1704	36	倅長三郎(11歳)女房ちよ(7歳)と縁立つ
2年	1705	37	父雅楽丞79歳にて死去。娘では出生
5年	1708	40	倅正之助出生。では・正之助麻疹、在所は人多く死去。家内は無事
6年	1709	41	正之助疱瘡にて死去(2歳)。倅長三郎(16歳)初めて江戸へ麻荷物持たす 「女共平産、子押返ス」(37歳)
7年	1710	42	娘うえ出生
正徳 1年	1711	43	長三郎初めて上州へ麻買いに遣わす
2年	1712	44	長三郎、宅右衛門になる(19歳)。ちよ(15歳)伊勢参宮。倅留之丞出生
4年	1714	46	宅右衛門、伊勢・熊野・西国参詣。母(信阿妙幼大姉)86歳にて死去
享保 1年	1716	48	「女共平産、二年子、女の筈男ニ候間、子返ス」(44歳)
2年	1717	49	宅右衛門妻ちよ、「半産、是初テ也、くわいたい七月ニ落申よし、年廿」
3年	1718	50	うえ・留之助、疱瘡。宅右衛門娘(孫)ゑき出生
4年	1719	51	宅右衛門娘ゑき死去(2歳)。娘では(15歳)、鴇巣へ祝言
5年	1720	52	鴇巣徳左衛門75歳にて病死。妻つる病死48歳。鴇巣老母70歳病死
6年	1721	53	宅右衛門倅丑之助出生。下女よね子をうみ断りなしに殺す
7年	1722	54	名入村のの女房に呼ぶ(39歳)
10年	1725	57	「後妻平産、四十二ノ女、男子之筈女子ニ生、たがい子、押返ス」。丑之助疱 瘡にて死去(5歳)。では、実家で死去(21歳)。うえ古町へ祝言(16歳)
11年	1726	58	留之丞(15歳)の嫁にこや(9歳)貰うことに。下女よね子をなし押ころす
12年	1727	59	宅右衛門娘さく出生
13年	1728	60	うえ平産、男子忠太郎。若松北方竹屋子安観音へ立願、お礼遣わす
14年	1729	61	留之丞(18歳)こや(12歳)縁定め。留之丞、江戸へ初めて遣わす
15年	1730	62	留之丞伊勢参宮。留之丞鹿沼へ初めて麻買いに遣わす 留之丞(19歳)こや(13歳)祝言。その夜留之丞名を改め政右衛門になる
16年	1731	63	うえ懐妊八か月位、熱にて子死生。忠太郎麻疹にて死去(4歳)。いたまし
18年	1733	65	政右衛門家普請。古町うえ平産、男子権太郎
19年	1734	66	政右衛門(23歳)・古町吉太郎(24歳)伊勢参宮。ちよ平産、男子長三郎出生
20年	1735	67	政右衛門42歳役年、伊勢参宮。宅右衛門・政右衛門、高分け。「覚書」終わる
元文 3年	1738	70	藤左衛門死去

最初の曲がり角

「名付け」をするということは、社会的に認知されるということです。そのうえで出生登録されます。少し冷たい言い方をすれば、「生きること」を認められたということです。

最後の子どもに「留之丞」と名付けたのは、意味がありました。「子どもはもういらない、これで打ち留めだ」という気持ちが込められています。

「留之丞」が生まれたときには、長男の長三郎は一九歳で、この年結婚しますから、「家」の相続はいちおう安心できます。「もう十分」だと思ったのでしょう。子どもが多くなれば、経済的負担が大きくなります。子どもが三、四人というのは、当時の東日本では一般的な数字でした。

藤左衛門の「覚書」には気になる記述があります。藤左衛門四一歳の年に、「女共平産、子押返ス」とあります。無事に生まれた子を間引いたということです。「押返ス」というのは、「あの世へ押し返す」という意味です。どんな理由があったたか、これだけではわかりません。

正徳六年（一七一六）には、「女共平産、弐年子、女の筈《はず》男ニ候間、子返ス、とし四十四歳ニて」とあります。「二（弐）年子」というのは、妊娠から出産までのあいだに年を越した子のことをいいます。また、あらかじめ占われた性別とは異なった子は、「たがい子」といわれました。

当時の民俗では、こうした子は「弱い子」として忌避されたようです。しかし、「二年子」や

「たがい子」であっても育てられる例は藤左衛門周辺でも多くありましたから、それが決定的な理由とは考えられません。太田素子さんは、妻の健康を気遣ったためではないかと推測しています。わざわざ妻の年齢を書いているのは、そのためかもしれません。

妻のつるは四八歳で亡くなり、二年後に藤左衛門は後妻を迎えます。この後妻については、「後妻平産、去ル八月より之くわい人（懐妊）、九月ニテ生年四十二ノ女、男子之筈女子ニ生、たがい子押返ス」という記事があります。この場合も「二年子」で「たがい子」でした。

後妻の「押返し」のとき、藤左衛門は五七歳になっていました。長男の宅右衛門は三二歳、次男の留之丞は一四歳になっていました。藤左衛門は「もう十分だ」と考えたに違いありません。

当時も避妊技術はありましたが、きわめて不確実なものでした。男女の営みがあれば、妊娠という結果は避けられないものでした。それを補うために、堕胎や間引きなど人為的な出産調整が必要でした。「二年子」や「たがい子」の禁忌は、「強い子」を得たいという願いに沿うとともに、出産調整を納得するための理由でもあったに違いありません。神仏のもとに送り返すという「押返し」という言葉にも、そうした気持ちが込められていたのでしょう。

いずれにしても、生まれたのち「名付け」にまでたどり着けない「いのち」もありました。これは本人には選択の余地のないものですが、これが最初の曲がり角でした。

子どもの病気

藤左衛門の子どもの子、つまり藤左衛門の孫の場合もみておきましょう。

長男の長三郎は一九歳で結婚し、宅右衛門と改名します。妻は四歳下のちよです。ちよは二〇歳のとき初めて妊娠しますが、七か月で流産します。翌二一歳のとき、ゑきが生まれますが、二歳で死去。病気はわかりません。医者にかかったが本復しなかったということです。ちよは二四歳で丑之助を生みますが、この子も五歳のとき疱瘡で亡くなります。

ちよ三〇歳のとき、娘さくが生まれます。この子は無事に育つようです。そして宅右衛門四一歳ちよ三七歳で、男子が生まれ、長三郎と名付けられます。このとき祖父にあたる藤左衛門は六六歳になっています。この後の様子はわかりませんが、宅右衛門の場合も、四人のうち二人が五歳までに亡くなっています。

もう一人、藤左衛門娘のうえの場合もみておきましょう。うえは一六歳で結婚、一九歳で最初の子の忠太郎を生みます。しかし、この子は四歳のとき麻疹で亡くなります。翌年、男子の権太郎を生みますが、この子の先はわかりません。ここまでのところ、やはり二人のうち一人は亡くなっています。

半数の子が五歳の壁を越えられないというのは、やはり実態であったようです。もちろん、その壁を越えた子どもたちも疱瘡や麻疹には罹りました。

宝永元年（一七〇四）、村中に「やくびやう」（疫病）が大流行し、多くの人が死んだと藤左衛門は記しています。この年八月に流行しはじめ、翌年の七月まで続いたということです。「藤左衛門家内ハ無事ニ候」ということでした。

宝永五年には麻疹が大流行し、多くの人が亡くなります。藤左衛門家内でも、四歳のではと生

角田藤左衛門家系図

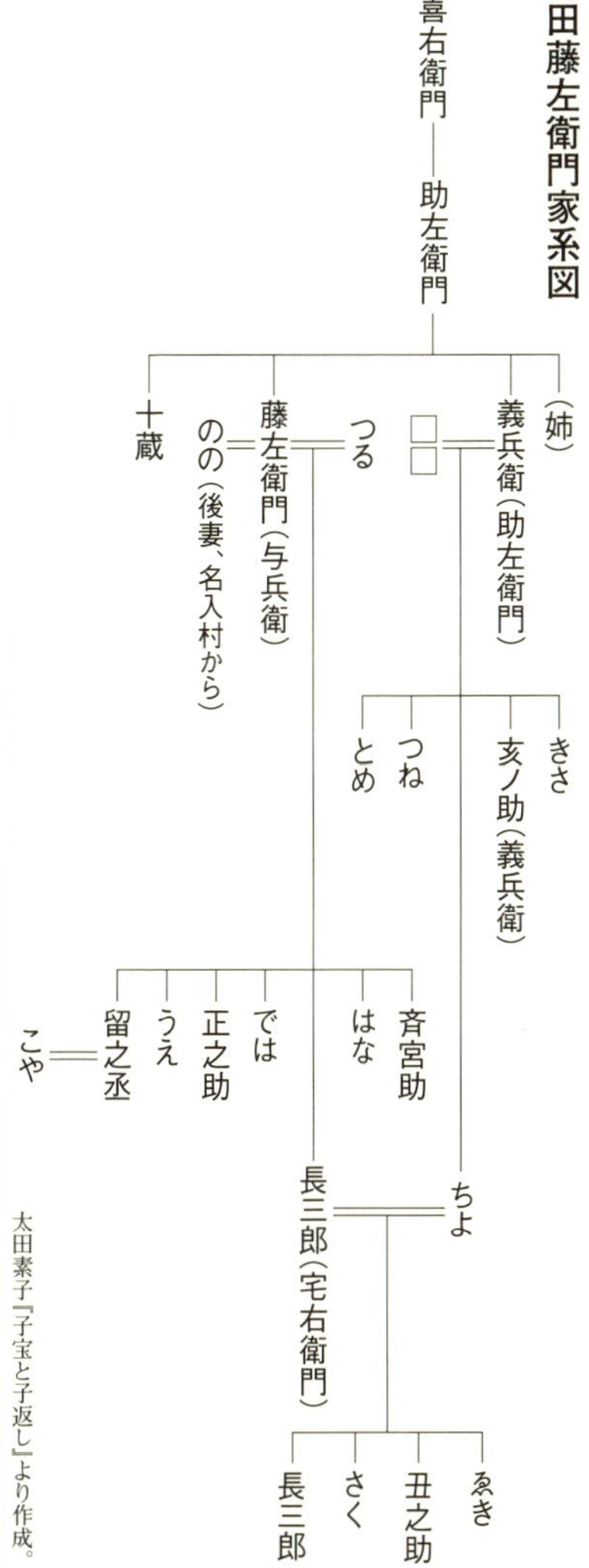

太田素子『子宝と子返し』より作成。

まれたばかりの正之助が罹患しますが、なんとか無事に平癒します。翌六年、今度は疱瘡が流行します。やはりではと正之助が罹患し、正之助は亡くなりますが、ではは乗り越えました。

享保三年（一七一八）には、九歳のうえと七歳の留之丞が疱瘡に罹ります。藤左衛門は「湯浴び」や「疱瘡神様送り」などをして回復に努め、平癒することができました。また、疱瘡神に御神酒をあげて御日待ちもしています。御日待ちというのは、潔斎して一夜を過ごし、日の出を待って拝む行事です。飲食をともなって遊興的な性格をもつこともありました。この時も藤左衛門は村中に振る舞いをしています。

藤左衛門は、疱瘡に罹って平癒することを、「疱瘡之役相勤申候」と述べています。江戸時代の人は、「厄」と「役」を表裏のことと考えていました。だから「厄介」を「役介」と書きます。疱瘡は、できれば避けたい「厄」ですが、「生きていく」ために勤めなければならない「役」でもありました。この「役」を無事勤め上げることが、第二の曲がり角でした。

学びのモラトリアム

二つの曲がり角を越えて一〇歳前後になると、大人への準備がはじまります。

藤左衛門もこのころから「家」の手伝いなどをはじめていたと思いますが、「覚書」には何の記述もありません。一五歳になると、白沢村の利兵衛のところへ手習いに行くようになります。これは冬季に「宿所」に入って通ったようで、正月には実家へ帰るけれども、学習は冬から春にわたったようです。この手習いを足かけ三年にわたって行っています。長い冬以外の時期には、「家」の手伝いをしていたのでしょう。

川越の榎本弥左衛門は、寛永二年（一六二五）生まれ、幼名は牛之助。のちに八郎兵衛、さらに弥左衛門と改名しますが、以下では弥左衛門で通します。

彼は三番めの子で、上に兄と姉が一人ずつ、下に妹と弟が一人ずついました。ほかに四人の子が生まれたようですが、いずれも夭折して名前もわからないということです。九人中五人というのも、やはり半分ほどの生存率です。

弥左衛門は、九歳のときに「ばくち」や「ほうひき」（宝引。賭博的な福引き）に手を出し、「朋輩と喧嘩」を繰り返すような腕白者でした。一一歳で牢人のもとへ手習いに通い、謡も習っています。次いで一二歳と一三歳には、泉慶院という寺で手習いをしています。ただ、学習態度はかんばしくなく、朋輩との喧嘩も絶えなかったようです。それでも三年は寺子屋に通っています。

一七世紀ですと、村内でも寺子屋に通うのは村役人クラスの子弟が中心でしたが、一九世紀にもなれば、下層を含め、村内のかなりの子どもが寺子屋に通うようになり、女子でも通う者が増

榎本弥左衛門の生涯

『榎本弥左衛門覚書』平凡社、2001年、より作成。

年代	西暦	年齢	事項
寛永 2年	1625	1	10月8日生まれる。幼名・牛之助
9年	1632	8	朋輩と喧嘩
10年	1633	9	ばくち・ほうひきなど仕る
12年	1635	11	牢人へ手習い。謡も習う
13年	1636	12	泉慶院で手習い
14年	1637	13	泉慶院で手習い。朋輩と喧嘩
16年	1639	15	松山市へ塩売り一人宛参る。余の商いも聞き習う
17年	1640	16	江戸へも商いに参る
18年	1641	17	江戸で稼ぐ。江戸・川越・松山にて万の商い。父母満足
19年	1642	18	八王子へたばこ買い。栃木へたばこ買い
20年	1643	19	栃木へたばこ買い
正保 1年	1644	20	前髪落とし。八郎兵衛と改名
2年	1645	21	四日市場より嫁取り。すぐに離縁
4年	1647	23	商いに情を入れ、「中年寄くらい」に思われる
慶安 1年	1648	24	腸満を煩う。弟・母と不和。八王子より妻を取る
2年	1649	25	伊勢参詣。邪淫を断ちたしと心にたしなみ願う
3年	1650	26	商いに情を入れる。「一番なみの塩目きき」と評判
4年	1651	27	親の心安らぎのため、商いに油断なし。気色よくなる
承応 1年	1652	28	伊勢・善光寺参詣。草津湯治。商い強く、気色本復
2年	1653	29	父母隠居。是より邪淫なし
3年	1654	30	商いの威勢つよし。人生の内のさかりとうげと存じ候
万治 1年	1658	34	母60歳にて死去。女房、母に孝行、疲れか27歳で死去 伝馬町高橋九郎右衛門娘を女房に呼ぶ。父66歳にて遠行
3年	1660	36	先妻の子まつ・くに、うち次女くに死亡
寛文 1年	1661	37	大いに気減る。熱海へ湯治。52歳まで熱海へ12度湯治
4年	1664	40	6年間服薬し、病い本復。情分まし、身代かせぐ
8年	1668	44	川越藩主に独礼。榎本弥左衛門を襲名
9年	1669	45	商いのとうげ也
10年	1670	46	商いも身代もよわる。女房我ら申すことを用いず
11年	1671	47	塩商いおとろえ、作をいたさせ、貸し方にて身過ぎ
12年	1672	48	いよいよ死すべき事忘れ申さず
延宝 1年	1673	49	子孫潰れ申さざるよう考え候
3年	1675	51	塩商いやがて衰微すべし。隠居仕りたしと願う。淫欲うすし
4年	1676	52	商いも淫欲もうすし。食すすむ、飯5割まし
5年	1677	53	大物忘れ、迷惑。はやく隠居仕たく候
7年	1679	55	倅八郎兵衛18歳、嫁取り申すべきと家普請 水村甚左衛門娘むく(12歳のとき縁組み)と祝儀
8年	1680	56	塩商いに出る。情分半分に成る 娘たけ、14歳にて嫁入り。異見状遣わす。娘さんにも
天和 1年	1681	57	商いの情分うすく成る。塩船あぶなく、乗りかね候。
2年	1682	58	商い情分よわく成る。足やり所に参らず。耳半、目半分
3年	1683	59	子7人、まつ31歳、八郎兵衛22歳、さん20歳、たけ18歳、八之助11歳、 ふち8歳、弥七郎5歳。八郎兵衛商いしどけなし、迷惑
貞享 1年	1684	60	歩く事不自由。気衰え、死ぬ事を思い候。目見えず、 耳聞こえず、気の毒也。『三子より之覚』この年で終わる
3年	1686	62	正月10日死亡

えます。そのころには、上層農民の子は読み書き・そろばんだけでなく、漢学の学習も行うような塾に通うようになります。生麦村の関口家では、長男の東作は一一歳から一九歳まで、次男の可吉は一〇歳から一七歳まで、江戸の和気柳斎《わけりゅうさい》の漢学塾に通っています。

このクラスの子どもたちの生活や素養は、武士との差がなくなりつつありました。

他方、上層の女子は一〇歳を過ぎると、行儀見習いのために武家などに女中奉公に出ます。それが、彼女たちにとっての学習の場でした。関口家の場合、長女のしげは一二歳から一八歳まで、次女のちえは一一歳から一六歳まで、三女のみつは一二歳から一五歳まで、それぞれ行儀見習いに出ています。そこで、行儀作法や奥向きの諸事を実地に学んだことでしょう。

ここでも、上層庶民の「家」は武家に近づいていました。江戸時代の上層農民の「家」の文書を調査していると、きれいな「散らし書き」の女性の手紙に出会うことがよくあります。

他方、中下層の庶民の場合は、家内での手伝いを経て、一五歳前後から奉公に出る者が多くなります。奥向きの女中ではなく、下女としての奉公です。奉公先は、近隣の上層農民の家か町場の武家や商家でした。奉公に出る条件は、村のおかれた環境によって異なりました。総じて、西日本のほうが女子の奉公に出る比率が高く、奉公期間も長かったようです。この奉公労働は、「家」にとっては家計補助的な労働であり、本人にとっては社会的経験を積む場でした。

このように江戸時代では、一〇代になると短い学びのモラトリアムがあり、そのあと「家」の内から外へ、社会とのふれあいが広がります。このモラトリアムの時間は、上層では後期にかなり長くなります。

それに比べても現在は、一〇代のほとんどが学びのモラトリアムになっています。短大・大学や専門学校など、それが二〇歳を超えて続きます。それだけ、社会との接触が遅くなっているのです。そのことの意味を、自覚する必要があるように思います。

大人への助走

貞享三年（一六八六）、一八歳になった藤左衛門は、初めて麻荷物一二駄を持って江戸へ商売に行きます。帰りには日光に参詣し、今市で木綿を少々買って帰ります。最初の仕事はそこそこうまくいったようです。翌年正月、前髪をおろして元服しています。普通よりは遅い元服でしょう。そして二月から五月までの三か月間、伊勢から熊野、西国、秩父と札納めに廻ります。帰宅すると、村中で酒盛りをします。盛大な成人への通過儀礼でした。この年一二月につると祝言をし、与兵衛と改名しています。

藤左衛門の子の長三郎の場合は、父より早い一六歳のとき、初めて江戸へ麻荷物三五駄を持って商売に行っています。次いで一八歳には、初めて上州へ麻買いに出かけています。そして正徳二年（一七一二）、一九歳で宅右衛門と改名します。これが元服の儀式であったのでしょう。この年ちよと祝言をあげます。伊勢・熊野・西国を巡拝するのは二年後の二一歳のときです。

次男の留之丞は、一八歳で初めて江戸へ商売に遣わされます。そして享保一五年（一七三〇）、一九歳で伊勢参宮。そのあと初めて鹿沼へ麻買いに行き、一二月にはこやと祝言をあげ、政右衛門と改名します。子どもたちも、父親と同じような軌跡を描いて大人になっていきました。

他方、榎本弥左衛門は、一五歳で初めてひとりで松山へ塩売りに出ています。このとき「余の商《あきな》い」についても聞き習っています。一六歳で初めて江戸へ商売に出て、一七歳のときにも江戸、武蔵国の川越・松山で「万《よろず》の商い」を行い、「父母満足」と記しています。一八・一九歳には、八王子や栃木でたばこ買いをしています。そして二〇歳で前髪を落とし、八郎兵衛と改名します。

このように、上層の「家」では、家業についての一定の見習いを経験したのちに、元服、成人をして、大人の仲間へ入っています。個人差もあるでしょうが、彼らの大人への移行はスムーズにみえます。

大人の時代

結婚という境界

角田《つのだ》家の場合、結婚と成人とはほぼ同時期に行われています。それぞれの事情をもう少し細かくみてみましょう。

藤左衛門《とうざえもん》は一二歳のとき、隣村の鴇巣《とうのす》村徳左衛門の娘つると「ゑん定《さだめ》」、つまり婚約をしています。仲人は大橋村の半右衛門でした。実際に祝言をあげたのは、藤左衛門一九歳、つる一五歳のときです。一二月であったので、「大雪故そりニて参候」と記されています。この夜、「ゑぼし」（烏帽子成り）という成人儀礼があり、与兵衛と改名します。烏帽子親になったのは、大橋村肝煎《きもいり》の酒井太左衛門で、藤左衛門の姉の嫁ぎ先です。烏帽子親はその後の後見人になってくれる人ですから、誰に頼むかはたいへん重要でした。

藤左衛門の長男の長三郎は、一一歳のとき七歳のちよと婚約します。ちよは藤左衛門の兄義兵衛の娘でしたが、やはり正式に「中立《なかだち》」（仲人）を立てています。この二人が祝言をあげるのも、長三郎一九歳、ちよ一五歳のときです。祝言をあげたのは一二月ですが、その年の正月に長三郎

歌川広重『伊勢参宮略図』　3枚続き多色刷り。左やや下に「おかげ参りの図」とあり、文政13年(1830)の様子を描いたか。この年427万余人が参詣したという。

は宅右衛門と改名し、ちよは三月から伊勢参宮に出ています。いずれも成人のための通過儀礼でした。一二月というのは、農閑期として選ばれているのでしょう。

次男の留之丞は、一五歳のときに、兄義兵衛が仲人になって源兵衛という人の娘のこや九歳を嫁にもらうことに決めています。正式に「ゑん定」をしたのは、留之丞が一八歳のときです。祝言はその翌年一二月、留之丞一九歳、こや一三歳です。やはりその夜に、留之丞は政右衛門と改名しています。

三人とも一九歳で結婚していますが、それより数年以上前に婚約して結婚相手が決まっています。上層の角田家のような場合、結婚は「家」と「家」とで決められることで、本人の選択が介在する余地はほとんどなかったといえるでしょう。

藤左衛門の娘の場合もみておきましょう。長女のではは、一五歳で鴇巣村に嫁入りしています。婚約の事情などはわかりません。このあと、ではが「覚書」に出てくるのは、翌年の正月にお婿さんを連れて「里帰り」したこと、一七歳で日光へ参詣したことだけです。懐妊・出産などの記事はみえません。

享保九年（一七二四）、ではが一一月から病気だという記事が出てきます。この年末にも鴇巣に帰らず実家で越年したとありますから、ずっと実家で療養していたのでしょう。年が明けても病状はよくならず、藤左衛門は「種子薬用・立願」など手を尽くします。薬の服用や願掛けなどをしましたが、効なく、七月二日に亡くなります。藤左衛門は「行年廿一、さかりの花をちらすごとく、扨々《さてさて》不仕合成《ふしあわせなる》今年かな」と嘆いています。

次女のうえは、姉が亡くなった年の九月に古町の佐野吉太郎と祝言をあげます。一六歳でした。やはり婚約の経過などはわかりませんが、祝言の日取りなどはあらかじめ決まっていたのでしょう。祝言に出た藤左衛門は、「ふるまい」には出ず、「夕めし」だけで泊まらずに帰っています。

翌年正月二日、吉太郎が「初礼」に来ますが、「年一六」とあります。このとおりであれば、妻となったうえのほうが一つ年上ということになります。吉太郎は「親類惣村中共ニ」挨拶を勤めています。吉太郎・うえ夫婦は、藤左衛門の「覚書」に、このあともたびたび登場します。

角田家周辺では、女たちは一五歳前後で結婚するということが多かったようですが、江戸時代後期の関口家の場合はどうだったでしょうか。

関口家には、女三人、男二人の子どもがいました。このうち女子三人はいずれも一九歳で、男子二人は二一歳で結婚しています。中期の角田家よりも、男女とも年齢が上がっています。とくに女子の上昇が注目されます。これは学びのモラトリアム期が長くなったことの結果です。

結婚・出産をめぐる戦略

結婚をいつ、誰とするか。これは上層の「家」にとってはゆるがせにできない課題でした。どの「家」と婚姻を結ぶか、早くから周到に準備されました。ただし、地域や階層などを考えると、結婚のあり方にはけっこう違いがありました。

これまでの研究によりますと、一般に東日本では結婚年齢が低く、男は一〇代後半、女は一〇代前半であったといわれています。これは上層も中下層もあまり変わりません。早く結婚しますから、最初の子どもが生まれる年齢も低くなります。出産可能な期間も長くなり、出産機会が確保されます。跡継ぎを得ることを主要な目的とした戦略といえるでしょう。

しかし、若くして結婚するというのは、男女ともに大人として十分に成熟していないということでもあります。そのため、結婚したのちにも奉公に出たり、実家で家業の見習いをする期間が長くなります。また、若くから妊娠を繰り返すことで母胎を痛めたり、子どもが多くなりすぎても経済的負担に耐えられなくなったりするリスクもあります。

他方、西日本では一般に結婚年齢が高く、男で三〇歳前後、女で二〇代前半といわれます。この年齢ですと、長く奉公などを通じて社会的経験を積み、男女とも労働力として成熟しています。お嫁さんを迎えることを「手間を取る」といいます。結婚するとすぐに即戦力として役立ち、「夫婦かけむかい」の「家」が駆動します。ただし逆に、初産年齢は高くなり、出産機会は制限されます。確実に跡継ぎを得るという点では、不安が残ります。ですから、西日本でも上層のほうが中下層よりは、男女ともに結婚年齢は低めです。

江戸時代も後期になりますと、東日本では男女ともに結婚年齢が上がります。他方西日本では、女の結婚年齢が少し下がります。跡継ぎ確保にシフトした戦略傾向がやや強まるといえそうです。それでも、江戸時代の庶民の結婚・出産戦略は不安定でした。結果としての子ども数は、東日本で二人から四人、西日本で二人から三人といったところでした。

当時の生活環境のもとでは、確実に跡取りを得ることは容易ではありません。ですから、江戸時代では、武士も庶民も三〇％ほどが養子相続でした。他方、「家」を相続できない男子にとっても、養子は「自立」の機会でありました。徳川日本では養子は不可欠な制度であり、重要な選択肢のひとつであったのです。

出産と妻の仕事

結婚・出産という事業は、「家」の後継者を得るために欠くことのできないものであり、跡継ぎを得ることは、男にとっても女にとっても「義務」でした。当時の乳幼児死亡率の高さや、飢饉・疫病・災害ということを考えれば、一般には「少産少子」という戦略は成り立ちにくいものであり、「多産多死」というのが多くの現実でした。

また、藤左衛門の家に戻りましょう。妻のつるは、一五歳で結婚し、一七歳で最初の出産を経験します。その後、一九歳、二二歳、三三歳、三六歳、三七歳、三八歳、四〇歳、四四歳と九回の出産を経験します。うち成人したのは四人、三歳までに亡くなったのが三人、二人は「押返し」です。結果的に「多産多死」ですし、「頻産」といっていいでしょう。藤左衛門が妻の健康を気遣ったというのもわかります。舅《しゅうと》・姑《しゅうとめ》に仕え、下女を指図して家事を行うのも彼女の仕事でした。疲れが溜まっていたに違いありません。

享保五年（一七二〇）二月九日より、つるは病気になります。藤左衛門は、医者に診せ、薬を飲ませ、各地の寺社に祈禱を依頼するなど看病に努めますが、三月二九日四八歳で亡くなります。

長男の宅右衛門は結婚していましたが、末子の留之丞はまだ九歳でした。心残りだったでしょう。下男下女を抱える角田家では、家内を取り仕切る「家刀自《いえとじ》」は不可欠でした。一年後に藤左衛門は名入村から、ののを後妻に迎えます。藤左衛門五四歳、ののの三九歳でした。この後妻が四二歳のときに出産し、「押返し」たことは先に述べました。これ以降、こうした記事は出てきません。

榎本弥左衛門の場合もみておきましょう。弥左衛門は二一歳のとき、四里（約一六キロ）離れた四日市場から妻を迎えます。しかし、この女房は「大女ニて、達廻《たちまわ》りぶてうほう（不調法）ニて、ことばづかい悪敷《あしく》、親の気ニも入不申《いりもうさず》」、すぐに離縁しています。次いで二四歳のとき、あらためて八王子から妻を迎えます。名前はわかりません。一七歳でした。

翌年伊勢参宮した弥左衛門は、「邪淫を断ちたしと心にたしなみ願う」と記しています。「邪淫」というのは妻以外の女性との性交渉を指すでしょう。道徳的な意味もあるでしょうが、「子づくり」に集中したいという決意とも読めます。

二九歳のとき父母が隠居します。「家」の重荷を弥左衛門が一身に担うことになります。このとき、弥左衛門は女房に「母人へ孝行を仕《つかまつり》くれよ」と申しさとします。妻もそれにしたがって孝行を尽くしたので、母もこの嫁のことを気に入っていました。「是よりしやいん（邪淫）なし」とあります。

二人のあいだには女子が二人生まれました。弥左衛門は女房に、「親ノ心を正敷《ただしく》たしなみ、そだてさせ可申候《もうすべく》、悪敷子を持事は、子のあやまりニてなく候、親々のあやまりニて候」とさとしています。残念なことに、うち一人はのちに亡くなります。

弥左衛門が三四歳のとき、母が六〇歳で亡くなります。母は嫁へ感謝の言葉を遺しました。弥左衛門は「孝行不浅《あさからず》、手がらと存候」と、女房をねぎらいます。しかし、妻は「数年はりゆみの様成を、俄《にわか》ニゆるめ申候」ためか、病気になり、二か月後に亡くなります。「はりゆみ」というのは、弓の弦がピンと張って緊張している様子でしょう。そのため、疲れが出たに違いありません。まだ二七歳でした。夫の意向に従順な、よくできた妻だったのでしょう。哀れです。

その年中に弥左衛門は、川越町内から後妻を迎えます。一六歳下の一八歳でした。「家内」の切り盛りに「待った」はなかったのでしょう。後妻を迎えたあとで、今度は父が六六歳で亡くなります。文字どおり弥左衛

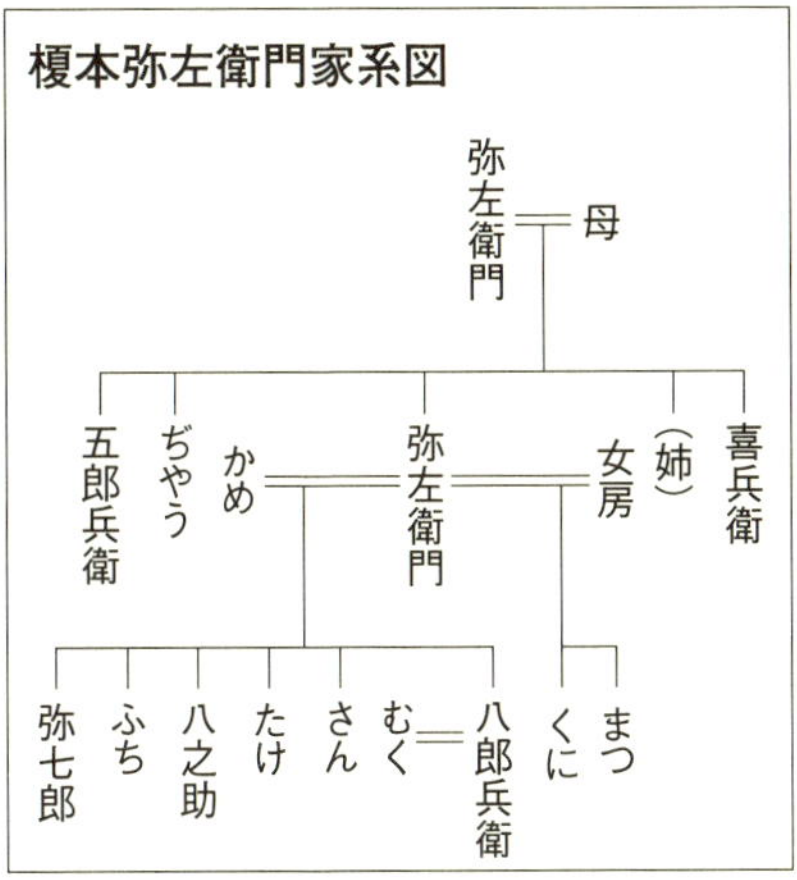

門と後妻の代になります。この二人のあいだには、男三人、女三人の子どもが生まれます。これ以外の出産状況や子どもの行く末はよくわかりませんが、当時では多い数です。四六歳のとき、弥左衛門は「女房我ら申すことを用いず」と記していて、夫婦仲がどうであったか気になりますが、跡取りをつくるという点では十分に仕事を果たしたといえるでしょう。

下層の武士の場合も、庶民と同じように「頻産」で「多産多死」であったことは、『徳川社会のゆらぎ』で福岡藩の安見家を例に述べています。そこでも多産の影響で妻が早く亡くなり、後妻を迎えています。出産という仕事は、「家」の存続のためには不可欠なものでしたが、女たちに過度の負担を強いる仕事でもありました。ここに大きな壁がありました。人口に女の占める比率が低いのは、そのことも大きな原因でした。

男の仕事と自立

西日本の中下層庶民の夫婦は、結婚とほぼ同時に「夫婦かけむかい」の小家族として自立します。夫婦は、まずは生活を成り立たせるためにフル稼働します。そのうえで、「家」をつぎの世代につなぐための努力をします。しかし、労働に励みながら出産もし、労働力として貴重な母胎の健康を維持することは、並大抵ではありません。労働と出産を両立させたり、子ども数を調整するために夫婦が行った努力については、第二講でふれた沢山美果子さんが明らかにしています。それでも当時の庶民生活は、成り行きまかせの不安定なものにならざるをえませんでした。

一八世紀になると、村のなかで二代、三代と続く「家」が増えてきますが、その間に消滅する「家」も半分ほどはありました。一八世紀を通じて人口は、減少ないしは停滞のまま推移します。それでもなんとか人口や戸数が維持されたのは、上層や中層で、分家をする「家」があったからです。

徳川日本では、職業は「家」に付いたものでした。これを「家職」とか「家業」とかいいます。だから、武士でも庶民でも職業選択の余地はほとんどありませんでした。なかには、農民から武士や町人になったり、医者や学者になる者もありましたが、やはりまれでした。

学びや奉公の期間が終わり結婚すると、本格的に家業にいそしむことになります。角田藤左衛門が結婚したときには、「家」の当主は父助左衛門でした。同じ家内には兄の義兵衛もいて、三人で力を合わせて家業をもり立てました。元禄六年（一六九三）、父助左衛門が六七歳で隠居します。義兵衛三三歳、藤左衛門二五歳でした。これを機に、藤左衛門は分家します。この年の正月から藤左衛門の新宅の普請がはじまっていて、実際の隠居の前に新宅に移りますから、隠居と分家は以前から決まっていたことだったのでしょう。

分家に際しては、田畑や下人をはじめ家産は半々に分けられ、家業も別々にすることになったようです。ただし、家業のほうは「布商」の「仲間」で認められましたが、領主からは正式の別家が認められず、「内分別家」の形をとったようです。

隠居にあたっては、姑から嫁に「家刀自」の地位が譲られます。これを「杓子渡し《しゃくし》」とか「へら渡し」とかいいます。この移譲をスムーズにするために、隠居後に老夫婦が遊山《ゆさん》に出かけ、わざと「家」を留守にすることがあります。嫁入りと隠居という人生の節目には、遊山という「ご褒美」が付いていたわけです。助左衛門夫婦も連れ立って「会津巡礼」に出ています。

なお、別家に直接関わりませんが、藤左衛門の祖母が臨終にあたって孫三人に金七両ずつを譲っています。多い額ではありませんが、女性も自由にできる自分の財産をもっていたようです。一五歳で家業見習いをはじめた榎本弥左衛門は、その後も商売に精を出します。しかし、いつも「正直ニ、おごりなき様ニ」振る舞いたいとは思っていましたが、内に鬱屈したものがあり、斜に構えてあちこちで物議をかもしていました。それが二一歳のときに『可笑記』を読んで、心が落ち着いたと書いています。『可笑記』は、『徒然草』にならった教訓仮名草子です。学びが続いていたというべきでしょうか。これを機に、「偽もくわれい（華麗）もなき様ニ、商《あきない》ニ情を入」れるようになります。

その結果、二六歳のときには「江戸中買《なかがい》之内、一番なみの塩目きゝしや（者）とほめられ候」ようになります。こうした家業への専心が評価されたのでしょう、承応二年（一六五三）父母の隠居にともなって、弥左衛門に家督が譲られることになります。父は六一歳、弥左衛門は二九歳でした。兄の喜兵衛は三七歳でしたが、この年他家へ養子に出ています。弟の五郎兵衛は二二歳でしたが、この相続に不満でした。

明暦四年（一六五八）、父母と弥左衛門の妻が相次いで亡くなると、弟の五郎兵衛が兄の弥左衛門を攻撃しはじめます。弥左衛門は「不仕合《ふしあわせ》」者だから跡継ぎにふさわしくないと言いふらし、死ねば自分に跡職が回ってくるよう兄の喜兵衛や伯父たちに取り入ったようです。このため二人は「不通」になり、弥左衛門は五郎兵衛を「勘当」します。このあと兄弟の不和は二〇年にわたり、弥左衛門は兄や伯父とも仲違《なかたが》いになります。こうした状態は、弥左衛門五五歳、五郎兵衛四八歳のとき、五郎兵衛が詫びを入れることで終結します。

榎本家の場合は単独相続であったため、兄弟間の不和という深刻な事態になったわけです。四面楚歌になった弥左衛門は、体調を崩します。万治四年（一六六一）三七歳のときには、「大ニ気へり、物いふ事もいやニ成る」という状態でした。この年初めて熱海へ湯治に行き、以後五二歳まで一五年間に一二回熱海へ湯治に行ったと書いています。

老いを生きる

次世代へ

三〇代・四〇代の藤左衛門《とうざえもん》は、家業に精を出していました。幼い子どもの死など悲しいこともありましたが、年末には「目出度越年《めでたく》」と書けるような日々でした。三七歳のとき父雅楽丞《うたのじょう》が七九歳で死去、四六歳のときには母が八六歳で亡くなります。当時とすれば二人とも大往生でしょう。寺社への巡拝など、信心も欠かしませんでした。

跡取りの長三郎には家業の見習いをさせ、嫁も取ります。長三郎は宅右衛門と改名します。これにあわせて新宅を建て、自分たち家族はそちらに移ります。五二歳のとき妻つるが四八歳で亡くなっています。三〇年以上連れ添った妻の死は、痛恨事だったでしょう。それでも二年後には後妻を迎えています。このころには家業の中心は、息子の宅右衛門に移っていたでしょう。

享保一一年(一七二六)二月一一日、「吉郎右衛門子亀助、手習ニ参候」という記事が出てきます。近所の子どもに藤左衛門が手習いを教えているのです。この日、宅右衛門は江戸へ商売に出かけています。藤左衛門五八歳、「御隠居様」然とした風情です。

六〇代になると、留之丞も家業を見習うようになります。後見しているのは兄の宅右衛門でしょう。六二歳のとき、留之丞は嫁を迎え、政右衛門と改名します。二年後に政右衛門は蔵を普請し、翌年には家を新築します。新宅が完成して政右衛門が引っ越すと、藤左衛門は隠居します。六五歳でした。その翌年に宅右衛門に待望の男子が生まれ、長三郎と名付けられます。

享保一九年、藤左衛門は「右之通藤左衛門拾壱歳より六十五まで、荒増《あらまし》覚書三冊仕置候、年寄書義《かくぎ》不罷《まかりならざる》成間、是切ニテ相止《やめ》申候」と記します。隠居した身には、子孫に書き伝える出来事もないということでしょうか。

しかし、実際には覚書は翌享保二〇年まで書き継がれます。最後の記事は、四月に宅右衛門と政右衛門の「高分ケ」の願書を提出したというものです。分家の段取りをつけることで、次世代への「家」の継承は完了したということでしょう。ここまできて藤左衛門は、満足して筆を置いたに違いありません。

老いの楽しみ

藤左衛門は、若いころから伊勢や西国、秩父・日光などへたびたび参拝に出かけています。こうした遊山をかねた巡礼の旅は、当時の人びとの最大の楽しみでした。しかし、五〇歳を越えるころから藤左衛門は遠出の旅はしなくなります。五三歳のとき、一年前に亡くなった妻の菩提を弔うために、湯殿山に参拝しています。このとき藤左衛門は、六月二四日から「行《ぎょう》」をはじめ、七月二日に出立、七日に御山に登り、一三日に下向します。「行」明けは七月　七日、二三日間の「行」でした。この間、精進潔斎したのでしょう。彼の妻への思いがしのばれます。遊山とはいえそうにありませんが、これが最後の遠方への巡礼となりました。この直後に息子の宅右衛門も湯殿山に参拝しています。

五五歳のとき、隣村鴇巣《とうのす》村へ見舞いに行った帰りに、落ちてきた石をよけそこねて右足のももを打たれ、三〇日ほども痛みに苦しみました。「併《しかしながら》是ハ方便ニテ命を助リ満足申事ニ候」と藤左衛門はよいほうに考えていますが、この怪我も遠出を控える原因になったかもしれません。

余談ですが、兄の義兵衛、このときには父と同じ隠居名の雅楽丞を名乗っていますが、彼は六二歳で一五六日かけて京都への旅を敢行しています。まだまだ元気です。

五七歳のとき、藤左衛門夫妻は湯岐《ゆのまた》村に湯治に出かけています。大橋村に嫁いでいた姉も同道したようです。後妻ののを「初テ湯治ニつれ被参候《まいられ》」と藤左衛門は記しています。湯岐村の湯ノ花温泉は、大橋村から南に六里（約二四キロ）ほど離れた山間にある湯治場です。六二歳のときには、夫婦で木賊《とくさ》権現に参拝し、ついでに湯治をしたという記事が出ています。木賊温泉も谷筋は違いますが、大橋村から南へ六里ほどの湯治場です。遠方への巡礼から近回りの湯治へと、外出もシフトしているようです。

ところが、木賊温泉から帰った一か月後に、藤左衛門は江戸に出かけます。ただし、これは持病の療治が目的でした。前年の暮れから「むね痛申ニ付」というのが理由でした。まだ余力のあるうちにと思い切ったのかもしれません。江戸呉服町の広中東林の世話になり、一か月ほど滞在し、「四まわり養生仕候」と記しています。これが本当に最後の遠出になりました。これ以降は、四歳で亡くなった孫の墓参りに、古町に夫婦で出かけた記事があるくらいです。

藤左衛門の「覚書」は六七歳で終わります。その三年後、元文三年（一七三八）に藤左衛門は亡くなります。七〇歳でした。晩年は「平安」であったようにうかがえますが、詳しいことはわかりません。

老いの嘆き

榎本弥左衛門は二〇歳で元服したときのこととして、「只今より廿年、商《あきない》ニ情入かせぎ候はゞ、身上を仕上げ可申候、頓《やが》て女房可置候間、子をもち四十才過候はゞ、らくをも可仕と存候、此時は四十才ノ人は大老人と存候」と回顧しています。こうした人生観は、当時では一般的なものでした。

井原西鶴も、「人は十三歳まではわきまえなく、それより二十四、五までは親のさしずをうけ、其の後は我と世をかせぎ、四十五までに一生の家をかため、遊楽する事に極まれり」と『日本永代蔵』に書いています。しかし、人生は思い通りにはいかないものです。

弥左衛門にとっての最初のつまずきは、三四歳で最初の妻を亡くしたことです。しかも、まだ男の子はできていませんでした。すぐ後妻かめを江戸から迎え、しばらくして待望の男子が誕生、八郎兵衛と名付けます。三八歳のときでした。その後は弟や伯父たちとの不和に苦しみながらも、商売に精を出します。四四歳のときには、川越藩主への「独礼」を認められ、弥左衛門を襲名します。人生でもっとも華やかな時期だったでしょう。

しかし、四五歳が「商《あきない》ノとうげ」であったと回顧しています。四六歳には「商も身代是よりよはり可申候」と感じます。「気つかれ、ふむ所へ足不参候」ようになります。気力も衰え、足元がおぼつかなくなってきたのです。四七歳になると、塩商売が衰えてきたので「かし方ニて身過可申」と考えます。金融業にも力を入れるようになります。

跡継ぎが自立できるまでは、がんばらなければなりません。「倅八郎兵衛拾才、只今より五、六年もかせぎ、十六、七才之時、商を八郎兵衛ニ渡し可申」とも考えます。四八歳、「弥《いよいよ》可死事忘れ不申候」と死を意識するようになります。四九歳、「子孫つぶれ不申候様ニ考申候」と、「家」をいかに存続させるかばかりを思案する日々でした。五一歳には「いんきよ仕度《たく》と願申候」と隠居願望が強くなります。

この年には「いんよく（淫欲）うすし」と精力減退を嘆いていますが、「万病円」という薬を飲むようになると「食五わりまし」とも書いています。そして、この年以降、子どもが二人生まれます。弥左衛門の「悲観癖」を割り引いて読まないといけないのかもしれません。五三歳のときには、また「はやく隠居仕度《たく》候也」と記します。

弥左衛門五五歳、倅八郎兵衛は一八歳になりました。嫁を取ろうと家を普請し、川越町の町年寄水村甚左衛門の娘むく一二歳と縁組みをします。五六歳、まだ自分で塩の買い出しに出ますが、「舟のりおりニ、足ふむ所へ不参、川へおち可申か」と心配します。五七歳、やはり「塩舟へのり申候ニ、あぶなく候間、のり兼候」とあります。五八歳、「力もよはく、あゆみ申候ニ、足やり所へ不参候」「物覚うすく、みゝ半、目半分ニ見ゆる」と老いを強く意識します。「遺言日々ニ子共女房へ申候」ともあります。

弥左衛門五九歳、身上は去年と変わらず。先妻の子まつをはじめ子は七人。そのうち六人は「心安し」。心配なのは跡継ぎの八郎兵衛です。「八郎兵衛商しどけなき故、おしへ候へども不合点、其上異見不用事迷惑也」。「家」がうまくつながるだろうか。これが弥左衛門晩年の最大の気がかりでした。天和四年（一六八四）、弥左衛門六〇歳。「弥《いよいよ》身ノしゝ（肉）おち、力おち、あるく事不自由、気おとろへ申候、死事をおもい申候、物わすれ、目みへず、耳聞へざる事、気毒也」。弥左衛門の老いがひしひしと実感されます。なんとも哀れとしかいいようがありません。

この年で「覚書」は終わり、二年後の貞享三年（一六八六）、弥左衛門は亡くなります。六二歳でした。二〇歳のときに描いた「らく」な生活とは、ほど遠かったようにみえます。「家」の未来を心配しながらの旅立ちだったのではないでしょうか。

老いの繰り言

男たちの記録からは、女の老後はあまりよくわかりません。藤左衛門の妻は四八歳で、弥左衛門の妻は二七歳で亡くなります。老後といえるようなものはありませんでした。当時の平均的な寿命からすれば、つぎの世代に「家」を譲るころには、みずからの人生も終わるというのが普通だったでしょう。「楽」な老後を過ごすことができたとしても、その期間はそれほど長くはなかったに違いありません。

後妻に入った場合は、夫より長生きすることが多いようです。弥左衛門の後妻のかめは、自分の産んだ子が跡を取りますが、藤左衛門の後妻ののは子がなく、先妻の子どもたちの世話になります。夫の老後の世話もあったでしょう。

孝子節婦として褒賞された事例を集めた「孝子伝」に描かれる老人の姿は、身体が不自由で、病気もあり、「二便」（大便・小便）まで息子や嫁の世話になるというものです。それでも息子や嫁が大切に扱ってくれるので、食事もおいしく、喜びのなかで生を終えます。息子夫婦は、死後も弔いや供養を欠かしません。もちろん、これは領主が望む孝子節婦の像ですから、そうした老後は、現実にはむしろまれなことだったでしょう。

藤左衛門や弥左衛門が「覚書」を書いたのは、子孫の教訓とするためでした。彼らの最大の関心は、「家」を末々まで存続させることでしたから、自分の経験から子孫が教訓を学んでほしいと考えるのです。こうしたこととは別に、独自に教訓を箇条書きにして遺すこともよく行われました。これが何代も伝えられて「家訓」と呼ばれることがあります。武士でも、上層の庶民の「家」でも、そうしたものが残っています。

延宝八年（一六八〇）、五六歳になった弥左衛門は、箇条書きの「書付」をつくります。これには、自分の人生を振り返りながら、衣服のこと、礼儀・立ち居振る舞いのこと、商売や日常生活の心構えのことなどが書き上げられています。はじめは誰にも見せるつもりはなかったようですが、八郎兵衛がなかなか自分の意見を聞かないので、「真実ノ人」に異見をもらおうと半分ほど見せたということです。

同じ年、娘のたけが一四歳で嫁ぎます。このとき弥左衛門は、直筆の「異見状」を「形見」としてたけに渡します。内容は「りんき仕間敷候」にはじまり、「人とあまりに中よく候へば、必又中悪敷罷成ものにて候事」に終わる一一か条で、嫁としての心構えが細かく記されています。子どもが生まれたら、男女ともに書き写し、代々譲り渡すようにとも指示しています。同じ内容の「異見状」を二歳年上の娘のさんにも渡したようです。

これ以降「覚書」には、教訓めいた箇条が増えます。「遺言」めいたことを口々妻や子どもに言っていたのでしょう。そのなかでは、自分は商売に忙しくて学文《がくもん》せず、上辺《うわべ》の理屈ばかりで真実の道理を知らない。そのため心が落ち着くことがなく、「一生まよひくらし候」と嘆いているのが印象的でした。六〇歳になった弥左衛門の最後の感慨は、つぎのようなものです。

根本は、我が身も天地ニはらまれ、生れたりと存候、諸人御同前也、一生之中、其御頭々下へ礼儀を行候へば、我が身は人之物也、又無礼之時はあた（仇）多し、語（悟）道人は、天地之間ノ万物は、皆我が物ニ可被思召と存候、…去程ニ、万物願べからず、当座入用之物

計《ばかり》を相調、不入物は不可願、根本は、家職を正路ニ無油断相勤申候がわらごん（黄金）也

周りからは繰り言と厭《いと》われたかもしれませんが、弥左衛門としては、天地万物一体という自覚のもと、贅沢《ぜいたく》もせず、家職を正直に勤めてきたという誇りをもっていたことでしょう。立派な人生だったといえるのではないでしょうか。

おわりに

徳川日本では、男も女も、「家」という価値を中心に人生の針が回っていました。「家」を維持発展させ、次世代につなぐというのが人生の目的であり、自己実現もその目的とともにありました。こうした状況は、多かれ少なかれ、アジア太平洋戦争の敗戦までは続きます。戦争が終わり、「日本国憲法」のもとで市民社会が定着するなか、そうした状況を意識することはほとんどなくなりました。

江戸時代でも、「家」からはずれて「生きる」人たちはいました。都市の下層には、〈ひとり〉で生きていたり、かりそめの家族を営む人びとがいました。しかし、当時の社会では、「家」が

「いのち」を守る基本組織でしたから、そこからはずれて生きることは危険がいっぱいでした。

他方、現代の人口動態でもっとも特徴的なことは、単身世帯の急増です。中山間地では高齢者の単身世帯が増えていますし、都市でも未婚・非婚の男女の単身世帯が増えています。そのため、〈ひとり〉で生きることの課題があらためて議論されるようになっています。徳川社会と比較しながら、〈ひとり〉で生きることの意味を考えることは、何かの参考になるかもしれません。

人生に何度もある曲がり角。そのとき、自分の前には、どれだけの選択の幅があり可能性があるだろうか。自分のおかれた客観的な状況を分析し、そのなかで自分らしい個性を貫くためにはどうすればいいか。悩ましいところですが、そこを通り抜けるためにも、まずは「今を生きる」こと。そんな思いが強くあります。

人生はひとつのライフサイクルとして進みます。その一つひとつには、共通なところもあれば個性的なところもあります。男と女でも、同じところもあれば、異なるところもあります。そしてその一つひとつが輝くためには、男と女の共同が必要ですし、家族をはじめ多くの人びととの共同が必要です。そのことを考えるために、先人の経験に学ぶことも、それなりに意味のあることではないかと思っています。

今日の講義はこれで終わりにします。

第四講

徳川社会をどうみるか

はじめに

一人ひとりの「生」に寄り添って歴史を描いてみたい。そんな試みが広がっているように思います。「いのち」や「生きる」という言葉を掲げた歴史書が目立つようになりました。そうした流れは、二〇一一年（平成二三）三月一一日の東日本大震災以降、ますます強くなっているように感じます。

第三講で、個人のライフサイクルに則して「生きること」のあり様を描いてみました。言うまでもないことですが、人は真空状態のなかで生きているのではありません。ある特定の時代の環境のなかで生きています。その意味では、個人と時代の関わりを描くことは、歴史学の大きなテーマです。と同時に、歴史学の場合には、資料にもとづいて語るという「制約」があります。

これは、「制約」であるとともに「利点」でもあるのですが、どの資料を使い、資料をどう読むかが、いつも歴史家に問われることになります。資料を媒介にして時代と個人を語る、時代と個人を媒介にして資料を読む、そんな応答の繰り返しが、歴史家の仕事なのかもしれません。

わたしは、徳川日本の経験にもとづきながら、「生きること」の意味を考えようとしています。その考えを進めるために、この講義では二つの作業をしたいと思います。

一つは、徳川日本というものを、わたしはどうとらえているか、ということを話してみたいと思います。数年前に小学館「日本の歴史」という全集の編集に参加しました。全体は一六巻で、そのうち江戸時代は、ロナルド・トビさんの第九巻『「鎖国」という外交』、水本邦彦さんの第一〇巻『徳川の国家デザイン』、わたしの第一一巻『徳川社会のゆらぎ』、平川新さんの第一二巻『開国への道』の四冊です。トビさんの九巻はテーマ巻といって、江戸時代全体に関わるもの、ほかの三巻は通史の巻で、おおむね一七世紀、一八世紀、一九世紀をそれぞれ対象としています。青木美智男さんの別巻『日本文化の原型』も、江戸時代の「庶民文化」を扱ったものですから、江戸時代を対象としたものは五冊といってもよいでしょうか。

その編集に参加した経験から話してみたいと思います。

もう一つは、東日本大震災後の実践である『「生存」の東北史』という本を取り上げて、そこから何を学ぶかということを話してみたいと思います。

この二つの作業は、一見まったく別のことのように思われるかもしれませんが、これ以降の講義の内容とどこかで共鳴するものです。そのあたりを聞き取ってくだされば幸いです。

徳川日本のとらえ方

英一蝶のまなざし

英一蝶《はなぶさいっちょう》という絵師をご存知でしょうか。京都の医者の家に生まれ、のちに江戸に出て狩野派に学んでいます。しかし、それにあきたらず、独自の画風を開き、芭蕉とも親交があって、俳諧もよくしました。

ところが、「馬のもの言う」という流言事件で徳川綱吉の言論統制に引っかかって流罪になり、八丈島で一一年間を過ごしました。このあたりのことは、今田洋三さんの『江戸の禁書』がふれています。武家の幇間《ほうかん》（たいこもち）のようなこともしていて、遊び人ではありましたが、反骨の人でもあったようです。

小学館「日本の歴史」では、水本邦彦さんの第一〇巻の口絵の最後に、英一蝶の『乗合船図』が使われています。そして、わたしがそれに続く第一一巻を書きました。その口絵の最初が、同じ英一蝶の『雨宿図屏風』でした。リレーでいえば、絶妙のバトンタッチだと思います。

両方の絵には、さまざまな人が描かれています。武士もいれば、振り売りの商人もいる。宗教

英一蝶『田園風俗図屛風』（部分）　春から秋にかけての農村風景を六曲一双に描く。この場面は田植えの情景に続き、梅雨時の雨宿りの様子を描いている。

者も芸能者もいます。そして、そんなさまざまな身分の人びとが一緒に乗っている船は、「徳川国家」であり、さまざまな人が難を避けている武家屋敷の門は、人びとを保護する「公儀」の笠でしょう。表現が類型化しているところもありますが、さまざまな身分の人をまとめてどこに、どのように表現するか、そこに絵師英一蝶の時代や社会をとらえる感覚の鋭さを感じます。

一蝶が雨宿りの情景を描いたものには、『田園風俗図屛風』もあります。そこでは、人びとは村の辻堂に難を逃れています。一蝶によれば、武家屋敷の門も村の辻堂も、身分の異なる人びとがともに集う場という、同じ役割を果たすものと理解されているのです。この門や辻堂が、一一巻でわたしが述べた「世間」というものです。

世界の曲がり角と社会史

同じ小学館で「大系日本の歴史」という通史が出されたのは、一九八七年（昭和六二）から八八年のことでした。それから二五年以上がたちます。社会や生活も、歴史学の状況も、大きく変わりました。

ひとによって濃淡はあると思いますが、戦後社会が曲がり角にきていると、わたしたちが感じはじめたのは、一九八〇年代のことだと思います。ちょうど高度経済成長にかげりがみえはじめた時期でした。世界規模でみても、環境問題の深刻化、「南北問題」といわれた貧困と格差の拡大、マイノリティや女性に対する差別の問題、民族紛争の激化、などなど。それは、市民革命と産業革命によってはじまった欧米中心の近代社会が迎えた、何度めかの曲がり角でした。

近代社会の矛盾や問題点が顕《あらわ》になり、近代の終焉《しゅうえん》やポストモダンが話題になりました。そのころから歴史学では「社会史」というものが注目されるようになってきました。西洋史の阿部謹也さんや、日本史では網野善彦さんの仕事が、人びとの共感を呼びました。

また、八〇年代には欧米を中心とした世界秩序が動揺し、「ニーズ」という新興工業国が注目されるようになります。アメリカ一辺倒であった日本の政治や経済のあり方が反省され、「アジアのなかの日本」「世界のなかの日本」が語られるようになります。八八年には韓国のソウルでオリンピックが開催され、八九年（平成元）にはベルリンの壁が崩壊し、やがてロシア・東欧の社会主義体制が解体します。冷戦体制が終わり、グローバル化の時代といわれるようになります。「ニーズ」は死語になり、「ブリックス」という言葉が登場します。

方法としての「小さな歴史」

そのころ、「大きな歴史」から「小さな歴史」へ、ということもいわれていました。それまでの「大きな歴史」は、国家や政治や制度、哲学や中央を対象とするものでした。それに対して「小さな歴史」は、国家よりは社会を、政治よりは生活を、制度よりは習俗を、体系的な哲学よりはもう少し漠然とした意識や心性を、中央よりは地方を、中心よりは周縁を、重視しました。公よりは私を、支配者よりは民衆を、男よりは女・子ども・老人を、といってもよいでしょう。「社会史」は「小さな歴史」の対象をどんどん広げ、興味深い事実をつぎつぎと明らかにしました。絵画資料への注目もそうですし、歴史人口学と結びついた家族史や女性史、こころやからだに注目した心性史や身体史、しぐさの変化、読書や書物に対する関心、環境や気象、自然や動物と人間との関わりについての研究も広がっています。

こうした分野は、いずれもこれまでの「大きな歴史」では見過ごされてきた分野であり、文化人類学や芸術学、心理学・医学や生態学・生物学など、自然科学を含めたさまざまな学問との共同が進みました。そうした取り組みの成果も、一九九〇年代から二〇〇〇年代にかけて、まとまってくるようになりました。

明治以降にも、「小さな歴史」を重視する流れは存在しました。柳田国男の民俗学や柳宗悦《やなぎむねよし》の民芸運動がありましたし、江戸時代の地誌研究に出自をもつような郷土史も盛んでした。庶民やその生活を対象とした考証学や考現学もありましたし、経済史はいつも国家よりは民衆の動きを対象としたものでした。こうした流れが、官学（アカデミズム）に対して、民間学と呼ばれることもありました。鹿野政直さんが『日本の民間学』という本を書いています。

しかし、そうした流れも日本全体が戦争に向かうなかで、いつしか「大きな歴史」に組み込まれ、一部にはその矜持《きょうじ》を保つ人もありましたが、多くは部門史として自己満足や韜晦《とうかい》の淵をさまようのが常でした。そうならないためには、「小さな歴史」の側から「大きな歴史」をとらえ返さなければなりません。言いかえれば、「小さな歴史」から「大きな歴史」を組み替えなければなりません。そのためには、「小さな歴史」を、「何を」という対象の問題ではなく、「どのように」という視座や方法の問題にまで高めなければなりません。

さて、前置きが長くなりました。そんな一九八〇年代以降の状況を意識しながら、新しく小学館の「日本の歴史」を編集することになりました。そのときに思いましたのは、二〇世紀が戦争と開発の世紀であったのに対して、二一世紀は「共生」の世紀でありたい、ということです。「共生」ということは、さまざまな「生」、さまざまな「いのち」が、結びついたり、反発したりしながら、ともに生きていくということでしょう。言いかえれば、「いのち」の結び合い、認め合いということです。そのあり様を、歴史にみてみようということです。一つひとつの「いのち」を視座にして、その周りの物事から、はては社会や国家、さらには世界や地球までも問題にしてみようということです。

わたしが江戸時代の四巻を通じて叙述の柱にしたいと思ったことは、つぎの三つのことです。

江戸時代の国際像

一つは、江戸時代をできるかぎり「日本」という枠からはずして、広い視野から位置づけてみたいということです。これまでも江戸時代の国際環境については注意がはらわれてきましたが、大きな〈鎖国―開国〉という枠組みに縛られていました。これが、明治以降の文明開化・脱亜入欧という風潮に規定された、ヨーロッパ中心の歴史像であったことは間違いありません。その後、「東アジアのなかの日本」ということが強調されるようになりますが、その外側にヨーロッパとアジアという関係があることも忘れてはなりません。イマニュエル・ウォーラーステインが提唱する「近代世界システム」は、江戸時代にそのまま対応します。ヨーロッパ・アジア・日本という三角関係を見据えつつ、その変化を考えてみたいということであり、そのなかでの日本人の自己認識や他者認識を考えてみたいということです。

このあたりのことは、トビさんの第九巻がおもにあつかっていますし、一〇巻の水本さんの「非キリシタン国家」という徳川の国家デザインに引き継がれています。一八世紀の状況は、トビさんの巻でもふれられていますし、つぎの平川さんの一二巻でも、「環太平洋時代の幕開け」というかたちで詳しく述べられます。東シナ海は比較的安定していましたが、太平洋の北辺から世界のステージがガラッと変わっていきます。

水本さんも平川さんも、国家の自立・独立ということを強く意識しています。「公儀の御威光」というものも、ヨーロッパ・アジア・日本という三角関係のなかで成り立っています。江戸時代の国際像を組み替えることで、わたしたちがこれから、世界のなかで世界の人びとともに生きるうえで、何か示唆するところはないだろうか探ってみたい、ということです。

身分と公共空間

二つは、集権的な幕藩体制とそのもとでの民衆の抵抗と成長、という図式でとらえられることの多かった徳川社会を、領主と民衆とが相互に規定しあう関係として、とらえ直してみようということです。しかも、領主といい、民衆といっても、それぞれに一色ではなくて、その内部にもさまざまな関係がありますし、相互の結びつきも多面的であります。いわゆる「中間階級」と呼ばれる人びとの役割も重要でありました。

この点でのポイントは、身分ということです。これまでは、身分というものは支配のための道具というふうに考えられてきましたが、わたしたちは、それぞれが社会のなかで与えられた役割を果たすことで結びつく側面に注意しています。そもそも身分というものは、社会における分業の結果でありますから、その面から再構築してみようということです。言いかえてみますと、政治や制度として上からみるのではなく、社会や生活という下からとらえてみようということです。それは、そこで生きている人びとの側からみてみようということです。

水本さんの巻でいえば、領主と村との「せめぎ合い」と「もたれ合い」といわれるような、相互に依存し補完しあう関係でありますし、わたしの巻では「民間力」とか「民間知」といっているもの、平川さんの巻では、これが下からの「献策」（政策提言）や「民衆知」として取り上げられます。それが、「開国」以降の社会の隅々からの「建白」の洪水をもたらし、明治維新後の「公義世論」につながるというわけです。

わたしは、江戸時代の公共空間を「世間」として問題にしていますが、それも以上のような徳川社会の見方の転換を進めるものです。さまざまな身分の人びとがふれ合う場、それが江戸時代の「世間」です。日常的には直接の関係がない「無縁」の人びとが、ある状況のなかで「有縁」(縁が有る) 関係になる場、それが江戸時代の「世間」です。従来は「公儀」を中心に公共機能が考えられてきましたが、「世間」では「公儀」もその登場人物のひとりにすぎません。

さまざまな小集団が、その「分」に応じて公共機能を求められるのが「世間」であり、そうした公共空間が社会に広がるのが江戸時代です。

「いのち」という視座

三つは、「いのち」という視座から歴史を再構築してみようということです。この点では、塚本学さんが二〇〇一年に書かれた『生きることの近世史』という本が先駆的な仕事です。塚本さんは「人命環境の歴史」という言い方をされています。

現代では、一人ひとりの「いのち」はかけがえのないものであり、尊いものといわれます。「いのち」は個人に属しており、すべてが等価、価値が等しい、優劣のないものだと考えます。ここでは、あらゆる生きとし生けるものではなくて、人のみを相手にしますが、「いのち」は平等という考えは、人びとが長い歴史を経るなかで、ようやくたどり着いたものでした。

しかし、江戸時代はそうではありませんでした。あけすけに言って、人はその生殖能力と労働能力によって評価されました。ですから、同じひとりの個人であっても、年齢によって「いのち」の価値は変わりました。世代を、幼年・青年・壮年・老年と四つに分けてみても、それぞれに「いのち」には軽重がありました。もちろん、これに性別も加わります。

しかし、にもかかわらず、一八世紀には、幼児や老人を大切にする考えが強まります。これは「いのち」を尊重する思想が広まったということではありません。それぞれの世代の「いのち」を大切にすることが、「家」にとってそれぞれに意味があるということが意識されるようになった結果でありました。ただし、「いのち」は等価ではありませんから、当然に「いのち」をめぐるせめぎ合いが起こります。一方でそれぞれの「いのち」に対する関心の高まりと、他方でのせめぎ合い。そのあいだで、人びとも社会もゆらぎました。

「家」の「いのち」という思想は、一八世紀の社会を基層から支えました。それは、しだいに社会や習俗におよび、制度や政治においても無視できないものとなります。

わたしの「公儀」論も「世間」論も、まずは「いのち」の問題から組み立てています。領主に期待された「仁政」(仁のある政治)も、民間に期待された「仁風」(仁の風儀)も、「いのち」の危機をいかに救うかという問題でした。綱吉の「生類憐れみ」政策で「仁」や「慈悲」が教化されたことからはじめ、老人介護を推奨する「孝子節婦」の表彰や赤子養育制度に収斂《しゅうれん》されていく一八世紀の政治の流れを追ったのも、そうした関心にもとづくものでした。

突発的な激甚災害からの復興を通じて、「公儀」と民間との関係が展開していくのも、「いのち」をめぐる問題であります。

徳川日本の教養

さて、先の三つの柱を、文化やくらしの問題として受け止めると、どうなるのでしょうか。そうしたことは、わたしの『江戸文化をよむ』という本にも書いています。ここでは注意したいことを三つ、簡単にふれておきます。

一つは、徳川日本の人たちが共通にもっていた意識についてです。よく知られているように、中世人の世界像は「天竺《てんじく》(インド)・震旦《しんたん》(中国)・本朝」という三国で構成されていました。それが江戸時代になると「近代世界システム」の成立にともなって、荒野泰典さんが言われているように、「日本・中国・南蛮」という三国に変わります。これは現実の日本の外交関係に対応したものでしたが、それ以上に文化的な世界像でした。「南蛮文化」の衝撃により中国文化が相対化され、日本文化の独自性が自覚されるようになります。と同時に、江戸文化を活性化しつづけたのも、中国や西洋の文化の刺激でした。

わたしは、江戸文化の特徴は、「博物学」的な精神にあると思っています。あらゆるものに好奇心をもち、それらを収集し比較しながら、みずからに有用なものを生かしていく。それは江戸の「三国世界観」に育まれた文化のように思います。

徳川日本の行政システムは、文書の遣り取りによるものでした。その行政の末端を担ったのは、村や町や諸団体の役人たちです。さらに役人たちは組織を運営するために、さまざまな記録や帳面をつくります。構成員たちはそれに不正がないかチェックしました。

こうした作業を通じて、広く庶民にまで識字の能力が広がり、支配や行政のあり方についての理念や観念が共有されるようになります。それは、ひと言でいえば「仁政」というものですが、深谷克己さんによれば、「東アジア法文明圏」に共通するものでした。

他方、徳川日本は「反キリシタン」を国是としました。儒学・仏教・神道は、それぞれの立場からこの国是を思想的に支えます。そのなかで、社会一般では、神仏習合や神儒一致の思想を背景に、三教が一致して国土の安寧と国民の繁栄を保障するものと意識されます。そして、この三教が徳川日本の教養文化の基盤となり、江戸時代人の精神生活を支えるものとなりました。

こうして、身分を越えて共有される政治意識や教養文化が広がった点に、江戸文化の特徴があります。それを進めたのが、教育の普及と出版活動でした。

自然と人間

二つめは、徳川日本人は自然や災害について、どう考えていたかということです。小学館の「日本の歴史」でわたしが担当した一一巻は、災害との闘いということが、ひとつのテーマでした。災害との闘いは、自然との闘いと言いかえてもいいのですが、そうしたことから少し話を広げてみたいと思います。

災害のことを古くから「天災」といいます。普通とは違った自然現象を畏怖し、それを「天」の与えた啓示だと理解したのです。戦国時代から江戸時代の初期にかけて、「天道」という言葉がしきりに使われました。自然と社会を現実にあるように秩序づけているのが「天道」であり、世界は「天道」の命ずるままに存在している。だから、豊作や幸福・繁栄は「天道」の恵みであり、災害や不幸は人の行いに対する「天道」の誡《いまし》めや罰であると観念されました。

人は「天道」のままに生きるべきだというのです。太陽を「おてんとうさま」として拝む素朴な心情が、わたしたちにもあります。ご来光を拝むと、わたしたちはこころが新たになったように感じますし、陽が出ると、周りの空気はたちまちに暖かくなります。太陽は「天道」を象徴するものであり、「天道」が「いのち」の源と意識されました。

万物も人も、「天道」の恵みを受けて、「天道」のままに生きている。だから、人も万物も「天道」と一体である。こうした「天道」の観念に支えられることで、江戸時代人は、自然と人間とは通じ合っている、自然と人間とは一体であるという感覚を育むことになりました。

以上のようなことを前提においてみますと、江戸文化や江戸時代人と自然との関わりが、それなりに理解できます。それには三つのかたちがありました。

一つは、自然に直接にふれるものです。江戸時代人には、人は自然とともにくらすべきであり、自然のなかでこそ精神の安らぎが得られるという感覚がありました。他方、江戸時代は都市化の時代でした。各地にさまざまな都市が生まれ、農村から都市へ多くの人が流入しました。奉公に出ることによって、都市と農村の両方の生活を体験する人も増えました。

しかし、都市は基本的に人工的な構築物であり、そこには自然が欠如しています。都市民はその欠落感を文化的創造によって埋めようとしました。都市の各所につくられた庭園や園芸の流行

葛飾北斎『冨嶽三十六景・諸人登山』 連作の最後にあたる1枚。右上の岩室に人びとが籠っている。海上の空は赤く染まり、山はモルゲンロート。ご来光を待つ。

は、都市のなかに自然を回復しようという試みでしたし、物見遊山は自然を求めての日常からの脱出でした。霊山への信仰登山も、歌枕を訪ねての風雅の旅も、自然のなかにこころとからだを解放することでした。歌川広重や葛飾北斎の風景版画は、各地の四季の風景を切り取って届けることで、自然にふれる喜びと旅へのあこがれを誘いました。

二つは、自然を観察し究めるものです。本草学《ほんぞう》や博物学が代表的なものです。朱子学には「格物窮理」という言葉があります。万物には「理」がこもっていますから、物に則して「理」を究めることを通じて「天理」に至ろうということです。

そうした態度が実学を発展させたといわれています。

動植物を写実的に描いた博物画は、はじめは本草書などの挿絵でしたが、しだいに極彩色の独立した図譜としてつくられるようになり、実用を越えた鑑賞品としても愛用されました。博物画は、自然そのものの賛美といってもよいものです。

景観を写実的に再現した谷文兆の風景画や、測量にもとづいて地形を表現した伊能忠敬の日本地図なども、自然を究める作品といってよいと思います。医学は医療という実用を目的としたものですが、人体という自然を観察し究めるものでもありました。

小田野直武や亜欧堂田善《あおうどうでんぜん》などの洋風画家が描いた解剖図なども、自然を観察し究める作品といえます。キリスト教を排除したかたちでの西洋学問の受容は、ひどく自然科学に偏したものになりましたが、「東洋道徳、西洋芸術」という独特の精神を育むことになりました。

三つは、自然に仮託して自己を語るものです。動物に仮託して男女や親子の愛情を語ることは、和歌などにおいて伝統的に行われてきたことですが、そうした表現は、江戸時代には類型化して陳腐なものになっていました。そうした状況を大きく変えたのは、文人たちの文学や絵画でした。

彼らは自己の内面を個性的なかたちで表現しましたが、とりわけ、文人画や写生画が多様に展開するなかで、長沢蘆雪《ろせつ》・伊藤若冲《じゃくちゅう》・浦上玉堂などが、動物や山水に託して自己投影性の高い作品を生み出しました。

円山応挙は単なる写実ではなく、写生、生を写すことを目標とした画家でした。わたしの一一巻のカバーは、彼の『龍門鯉魚図《りゅうもんりぎょ》』です。わたしはそれに、応挙の内面の強い投影を感じます。

これは双幅一対の作品ですが、左幅は池の中で悠然と泳ぐ鯉。やや太めで、いかにも「自足」の躰《てい》です。他方、右幅は水の流れにあらがって滝を登る鯉。真っすぐにスラッと伸びて、挑戦する清々しさにあふれています。左右の鯉を対比してみると、応挙のみずからの画業に対する自信と写生という新しい世界に挑戦した、「初心を忘れてはならない」という意思を感じます。応挙も、やはり一八世紀の江戸時代人でした。

祈りの文化

こうした自然と人間との関わりの三つのかたちの奥に流れているものとして、わたしは江戸時代人の祈りをみたいと思っています。これが江戸文化を考える大きい三つめの点です。

三つのかたちでは、自然と人間とはいかにも調和的にみえます。しかし、自然の脅威はときに人びとの「いのち」を容赦なく奪うものでもありました。人びとは途方に暮れ、絶望の淵をさまよったに違いありません。

しかしまた、「人事を尽くして天命を待つ」という態度も、「天道」のままに生きる人びとの自然に対する姿勢でありました。「天命」を従容として受け入れたうえで、あらためて災害から這《は》い上がり、生活を再建し、生きていかなければなりません。自然へのおそれやあきらめを、自己反省を通じて、自然の恵みへの感謝に転轍《てんてつ》し、わたしはこの転轍という言葉が好きなのですが、鉄道のポイントのことを転轍機といいます。レールをつなぎ替えるのですね。おそれやあきらめを感謝につなぎ替えて、転轍して、再び自然とともに生きる意思を育まなければなりません。

その支えになったのは、祈りではなかったか。もちろん、この祈りには国家をはじめさまざまな団体が関わり、複雑な様相を呈します。つまり、祈りをめぐるせめぎ合いがあるのですが、そのことは今はおきましょう。こうしたことも一一巻には書いたつもりです。

一一巻の「はじめに」で、「文化の創造も『生きる』喜びと哀しみの表現ではなかったか」と書いたのは、以上のような意味でした。

両国隅田川の花火は、江戸の夏の風物詩でした。夕涼みを兼ねた花火見物は、自然のなかでの遊びでありました。この花火は、享保の飢饉の犠牲者を慰霊するためにはじめられたといわれています。そのことは、人びとにときに思い出されたに違いありません。夜空に上っていく火の玉は、人の霊魂のようでもあります。

両国の花火を描いた歌川広重の有名な浮世絵があります。わたしの巻の口絵の四枚目です。花火といえばドーンという音や人びとの雑踏が聞こえるはずですが、この絵にはそうした音が聞こえません。広重の作品は総じて静謐《せいひつ》なのですが、これはとくに静謐、じつに静寂な世界です。わたしはそこに、鎮魂の祈りを感じます。

一一巻の口絵の最後は木食《もくじき》です。最後の第六章の扉の写真は円空です。彼らの特徴は、とにかく作品が多いこと。各地の庶民の祈りに応えようとしたものであったからです。そして、その「ほほえみ」も共通しています。この「ほほえみ」が救いであり、それをみずからのものとすることで、江戸時代人は生きてきたのではないでしょうか。

各地の野辺や辻堂には、今も江戸時代にこしらえられた石仏やほとけさんが祀られています。そこには無数の円空や木食がいます。そこに秘められた歴史や、それに込められた人びとの「いのち」をめぐる思いから、「大きな歴史」を相手にしてみたいと思っています。

「生存」の歴史学に学ぶ

『「生存」の東北史』

二〇一一年（平成二三）三月一一日に東日本大震災が起きます。これまでの社会のあり方を根本から問い直すことを迫る、衝撃的な出来事でした。「三・一一後に歴史学はいかなる役割を果たすべきか」。多くの人が言い、考えてきたことです。それを研究として受け止めるだけでなく、社会的実践として行った記録が、『「生存」の東北史』です。編者は、大門正克さん、岡田知弘さん、川内淳史さん、河西英通さん、高岡裕之さんの五人です。

本書の内容は、二〇一二年に東京新宿と気仙沼で開かれた朝日カルチャーセンターによる歴史講座にもとづいています。新宿講座のタイトルは「『生存』の歴史を掘り起こす―東北から問う近代一二〇年―」、気仙沼講座は「歴史から築く『生存』の足場―東北の近代一二〇年と災害・復興―」となっています。そのタイトルからも、この取り組みの意図がうかがえます。

本書では講座の内容が、「第Ⅰ部 歴史から3・11へ」「第Ⅱ部 歴史から築く『生存』の足場」「第Ⅲ部 東北から3・11後の歴史へ」の三部に再構成されています。第Ⅰ部・第Ⅱ部は編者たちによる五本の論文、第Ⅲ部は気仙沼での四人の方の報告からなり、最後に大門正克さんの終章が付されています。大門さんには別に、この試みを総括した「歴史実践としての朝日カルチャーセンター講座―3・11後、東京から気仙沼へ―」という文章があります。それを読んでいただくと、この企画の経過と意図がよくわかります。

以下、個々の論文についての簡単な感想から、読後感を述べたいと思います。

岡田知弘「災害と開発から見た東北史」

巻頭の岡田さんの論文は、一九一〇年代から現代までの、中央による「東北開発論」「東北振興論」を詳細に検討したものです。東日本大震災後に進められている「創造的復興」なるものが、近代日本の災害復興の再版であり、いわゆる「ショック・ドクトリン」そのものであることは、ここに明らかです。岡田さんは、これに福田徳三が関東大震災後に唱えた「人間の復興」を対置します。そしてそこから得られる展望を、「生活レベルの比較的狭い地域単位での地域内経済循環の再建」として提示し、その萌芽的な実例をいくつか紹介しています。

その提案に共感する部分は多いのですが、高度に発達した資本主義のもとで、どの程度の規模の経済が自律的なものとして想定しうるのでしょうか。また、グローバリゼーションや広域経済に対して、地域間の広域連携は不可欠だと思いますが、自主的な連携を線から面にしていく力は何なのでしょうか。わたしには十分なイメージがありません。福田の唱えた「人間の復興」を、「人間性の復興」を中心としたものとしてとらえ返そうとすることにも共感しますが、まだ抽象的な気もします。

「人間の復興」といわれると、わたしはアマルティア・センの「人間の開発」を思い出します。センによれば、それは人びとがみずからの潜在能力を発見し発現することだといいます。とすれば、地域の人自身が、地域のなかにある潜在能力・潜在資源を発掘し結合することからはじまるのでしょうか。岡田さんには、住民自身による地域調査に関わられた実績もおありなので、そのあたりから進めるべきでしょうか。

河西英通「近代日本と東北・東北人論」

河西さんの論文は、明治から現代までの多様な「東北」像を切り取っています。もちろん、自他における「東北」像は一様でなく、時代状況に合わせても変化します。それは、マイノリティとマジョリティという二元的認識を乗り越える「3Dの世界」であるという河西さんの指摘は納得できます。他者の「東北」像に同調したり反発したりしながらつくられる「東北」の自意識も多層化するという把握も、興味深いものです。

河西論文の通奏低音としてあるのは、国民国家とナショナリズムの規定性であり、さまざまな「東北」像は、それとの位相によって配置づけられています。そのためか、「東北」の自意識も全体として、結局は時々の「東北開発論」や「東北振興論」に吸収されていくようにみえます。

河西さんと同じように、わたしも井上ひさしさんの『吉里吉里人』を衝撃と感動をもって受け取ったひとりですが、あの流れはどこからどのようにして生まれたのでしょうか。「吉里吉里国」は岡田さん言う「生活レベルの比較的狭い地域単位」にあたるとすると、「東北」の自意識の「下から」のとらえ返しということなのでしょうか。この章と向き合う位置にあるという第六章以下の「現地」からの声とあわせて考えてみたいところです。

川内淳史「近現代東北の転換点—戦時期「人口問題」と地域社会—」

川内さんの論文は、一九三五年から四五年という限られた時期の、総力戦体制のための人的資源供給地として位置づけられた東北地方の様相を、①全国レベル、②東北・県レベル、③地域社会レベル、において描き出した見通しのよい論文です。あわせて川内さんは、その三つのレベルのズレを指摘するとともに、③のレベルにおいてのみ戦後もその「生存」を確保しようとする試みが継承されたことに注目し、そこに地域社会における「したたかさ」を評価しています。

では、この「したたかさ」はどこからくるのでしょうか。川内さんは、地域社会においては健康問題が生活と労働に密接不可分のものであったこと、および助言者の存在の大きさを指摘しています。「生存」の問題を生活と労働という、より個人の「生」に即したものとしてとらえようというのは、以前から大門さんが強調しているところです。

川内さんはまた、山下祐介さんが『東北発の震災論』で強調した「社会的主体」論にも注目します。主体は個人ではなく社会のなかにあるという提起です。とすれば、地域社会における「社会的主体」のあり様が、個人やリーダーの存在様式を含め、歴史に即して具体的に明らかにされなければならないということなのでしょうか。

高岡裕之「近現代日本の地域医療と岩手の医療保健運動」

高岡さんは、一九三〇年代から五〇年代前半という、川内論文よりやや広い時間軸をとって、医療保健制度の変遷と運動の展開について分析しています。明示されてはいませんが、それは川内さんのいう①—③のレベルのズレに対応していて、そのせめぎ合いをダイナミックに描き出そうとしているのだと理解できます。

とくに興味深いのは、①→③と政策が浸透するなかで、③→①という下からの統合の動きが起こってくるという指摘です。それは結局挫折するのですが、それでも③の実績の確保が「一村における社会保障制度の確立」というかたちで追求され、③→①という働きかけは、その後も永続されるとのことです。しかし、高度成長のはじまる一九五〇年代後半に、③も崩壊するようです。その背景は、農業県の衰退、自治体財政の悪化、そして昭和の町村合併であったと指摘されています。

そうした結果を踏まえてみたとき、あらためて③を支えてきた主体とは何であったか、考えてみたいところです。明治から平成まで何度か繰り返されてきた「合併」をめぐるさまざまな経験をすくい上げながら、追ってみたいものです。

大門正克「いのちを守る農村婦人運動──「生存」の足場を創る歴史の試み、岩手県和賀町──」

大門さんの論文は、川内さんのいう③のレベルから、「生存」をめぐる人びとの動きを描き出しています。その際の焦点は、自治体（行政）と自主的サークルであり、それらの動きが③の内外にさまざまなズレを生み出し、そのズレが全体のダイナミズムを生み出していると評価します。

気になるのは、高岡さんがひとつの終焉ととらえた昭和の合併（和賀町の成立）からはじまりながら、大門論文にはそのことの評価がないことです。大門さんが「足場」と考えるのは、和賀町なのか、近代の藤根村なのか、江戸時代の後藤村なのか。和賀町が北上市となった今、それをどう考えるのか。大門さんが問題にするのは、どのような規模のものであれ自治体行政一般と自主的サークルの連携という問題なのだろうか。自主的サークルは、どのような「歴史的基盤」から生まれてくるのだろうか。それはどのような「歴史的蓄積」ととらえられるのだろうか。自主的サークルの背景に、「家から家族への再編」をおくのも大門論文の特徴です。「近代家族」ではなく「家族」への再編だと大門さんはわざわざ断っていますが、いずれ「近代家族に集約される」と考えているわけでもないでしょう。たぶんその土地の人びとは、「老人」と「土地」と「仏さん」からは逃れられないでしょう。これらを抜きにした「家族」論はありえません。

それにしても大門論文には「男」の姿がみえません。村の「政治」との関わり、出稼ぎや兼業など、③や「家族」の構造のとらえ方に片寄りはないのでしょうか。気になります。

つぎからは、気仙沼での報告です。

川島秀一「三陸の歴史と津波―海と人のつながり―」

川島さんは、東北一般や三陸ではなく、海を通じた交流のなかで被災地をとらえようとしています。川島さんも復刻に携わられた山口弥一郎さんの『津浪と村』という本は、一九三三年の三陸津波による集落移動を取り上げたものですが、それを読んでみますと、海辺といっても湊《みなと》（津）、浦、浜などの階層化があって、それぞれに「オカ」との関わりも一様でないことがうかがえます。このことを③「地域社会」の構造の問題として、どのように組み込むか、ひとつの問題だと思います。

川島さんの論文からは離れますが、山口弥一郎さんの調査では、被災後の「家」をどのように再興するかという話も興味深いものです。そこでもっとも重要なのは、「仏さん」をどうするかという問題でした。

清水敏也「気仙沼で海とともに生きる」

清水さんの補論1は、海の産業循環の話として興味深いものです。しかし、岡田さんの言う「地域循環型経済」としてみた場合はどうでしょうか。「イカの塩辛」の市場は、圧倒的に首都圏に依存していたのではないでしょうか。川島さんのいうマグロ漁や〆粕《しめかす》流通も、地域経済圏に収まらない広がりをもつように思います。

徳水博志「『生存』の足場を創る試み―小学六年生の『震災復興まちづくりプラン』―」

徳水さんの「まちづくりプラン」をめぐる取り組みは、これからの「地域社会」の主体づくりとして貴重な経験だと思いました。これを「地域」として一過性のものに終わらせない努力が必要なのでしょう。そのためには地域と学校との、より深くて多様な連携が求められると思います。

しかし、ここでも学校の統廃合という壁が立ちはだかっています。そのときにも、廃校になった学校の建物や学校の記憶を拠り所にする、そんな工夫がないものかと思います。

安倍甲「内と外の東北の断層」

安倍さんの補論2は、同じ「東北」でも「秋田」人の戸惑いが素直に述べられています。安倍さんの議論を詰めていくと、結局「秋田」人は「秋田」を掘るしかないということなのでしょうが、もちろん「秋田」もひとつではないでしょう。それぞれがそれぞれの「当事者性」にこだわるしかないとわたしも思います。

しかし、そのうえで異なる「当事者性」の下におかれたわたしたちのあいだで、どのような対話や連携が成り立つのか考えてみたいと思います。

大門正克『「生存」の歴史―その可能性と意義―』

終章は、大門さんが考える「生存」の歴史学の枠組みと、本書での各論文の配置が示されています。大門さんは、「どの時代にも共通する『生存』の仕組み」として、A人間と自然、B労働と生活、C国家と社会、をあげます。かつて大門さんは、「序説『生存』の歴史学―『一九三〇～六〇年代の日本』と現代との往還を通じて―」という論文を書いていますが、そこでの構想では、1「労働と生活」概念の豊富化、2生存権と人間の尊厳、3生存の仕組みと主体・行為の関係、が重点とされていました。今回の提案は「仕組み」として構成的に考えられていますが、やや静態的な印象です。以前のものには動きがあります。

それはさておき、本書ではCの部分のウエイトが重く、そこからCとBの関係が検討されるというかたちになっています。Aについては、引きつづき十分には展開されていません。「教育」など、以前に比べて背景に退いたものもありますが、今後、具体的な成果がこの枠組みにもとづいて整理されていけば、「生存」の歴史学の像もおのずとみえてくるでしょうし、A・B・Cの相互関係についても課題が明らかになり、動きのあるものになるに違いないと思います。

徳川社会論からの読み

以上のような概観を踏まえて、大門さんの「生存」の歴史学の提案と本書から学んだことについて、ふれてみたいと思います。わたしは江戸時代のことを考えていますから、その面との接合をいかに図るか、というのが関心の中心です。

一つ。徳川社会のエンジンは「小経営」です。これが大門さんのいうA・B・Cの「仕組み」を江戸時代において公約する共通分母であり、「家」というのはその社会的存在形態だといえます。人びとの「生存」は、「家」の具体的なあり様とその変化に規定されるので、わたしたちは村や町の構造分析、歴史人口学の成果などに学びながら、「家族誌」を書こうとしています。この点では、「東北」の江戸時代史は膨大な蓄積があり、それとの接合を図るような方向がぜひとも求められるところです。

二つ。岡田論文によれば、「東北」の資本蓄積は低位であったということです。そのことは「米作を主体とした大規模な寄生地主制が発達」したことと表裏の関係にありました。こうした状況は、江戸時代以来の中央（江戸・大坂）との経済関係や、そのなかでの地域の豪農商の動向、それらを規制する「地域力」（地域内の諸階層の動向）の成熟度を引き継いでいるに違いありません。近年の飢饉史の成果などをどう継承するか、考えてみたい点です。

他方、南部に生きた三浦命助は、獄中で四つの「ヨグ」を離れて蝦夷地に移住することを説きました。四つの欲とは、「村」のなかでの「家」に執着する欲でした。それから離れることを説くことには、「地域」への深い断念があります。その意味を、地域の経済構造・政治構造の分析を踏まえて、「地域」の側の自己変革の問題として、受け止めていかなければならないと思います。

三つ。領主の共通利害を実現する機関として成立した徳川「公儀」は、災害や飢饉が頻発するなかで、社会そのものの維持を担う社会的公権力としての機能を果たさざるをえなくなります。しかし、「公儀」の担う「公共」機能は限られており、その指示の下に地方権力（藩）・身分団体（村・町）・民間（有徳人から平民まで）が、「公共」の役割を担わされました。背景には、「天」のもとに統合された「職分国家」という政治意識があります。

日本の近代社会においては、それが国家によって制度的に統合されたことと裏腹に、民間の

「公共」機能は衰退し、「行政依存」が体質化していないでしょうか。大門さんの注意する「行政的関与の肥大化」とも関連するでしょうが、その現れ方は地域によって異なると思います。政治意識のあり様と「地域力」の成熟度が、それぞれに測られなければならないでしょう。

四つ。「生存」を単なる生物的生命維持ではなく、「生存」を権利として考えるべきだとすると、その萌芽は、たしかに徳川社会に存在しました。生命が脅かされたとき、権力や社会は貧者を救済する義務があり、貧者は救済を求めることができるという共通の社会意識がありました。食料の提供を求めて、落書や打ちこわしという圧力が救済を引き出すという関係も、ある種のシステムのように機能していました。「私欲」を規制する意識は強く、いわゆる「モラル・エコノミー」（相互扶助を正義とする規範）を許す社会でありました。それを許さない市場万能社会での「ソシアビリテ」（社会的結合・絆）は、どのようなものでしょうか。

五つ。アメリカ独立宣言は、人間の「天賦の権利」として「生命（Life）、自由（Liberty）、幸福の追求（the pursuit of Happiness）」をあげています。三つの内容にどのような意味を含めるか、解釈には当然歴史性があると思いますが、日本国憲法第一三条は、これをそのまま個人の尊厳をなすものとして継承しています。

福祉や厚生（well-being）につながる「生存」の権利も、こうした人権に淵源をもつという考えがあります。そのことは「生存」の歴史学では、その人間観が問われているということであり、高岡さんや大門さんが日本国憲法にふれるのは重要です。そのことを自覚的に追求することは、とても大切です。

六つ。徳川の地域社会には、「自治的な力」が育っていたといわれます。そのあり様は、「課題結集型」と「行政組織とらえ返し型」に分けられそうです。課題結集型は、一〇〇〇か村以上が集まる畿内の「国訴」のようなものが思い浮かぶでしょうし、行政組織とらえ返し型は、幕府領の「郡中惣代」制などが考えられます。ただし、課題結集型の場合もその基礎には何らかの行政単位ごとのまとまりがあり、行政組織とらえ返し型の場合も課題によって組織は分節化されます。

大門さんの言うBの単位となるのは、徳川社会では日常的生活圏だと考えます。それはおおむね歩いて日帰りできる範囲であり、行政的には廻状が一両日で回る範囲でありました。この日常的生活圏が数個ほど集まったものが「郡」であり、徳川社会では「郡」は実質的にも象徴的にも意味深いものでした。

川内さんの言う③地域社会レベルのまとまりをどう設定するか。当然、時代や時期によって異なるでしょうが、いずれにしても、それは「上から」設定されるものではなく、「下から」つかまえられるものだと考えます。

七つ。最近の徳川社会論では「地域リーダー」も注目を集めています。もちろん「地域リーダー」は両義的な存在であり、明治以降の「名望家」への転成も一様ではないでしょう。渡辺尚志さんの江戸・明治を通した名望家論や、松沢裕作さんの地方自治制変遷史など、その後に新しい研究も出てきていますから、それらも含めて考え直してみたいものです。時代によって「リーダー」の性格が異なるのは当然のことです。

最近の過疎地で、Iターン組・Uターン組が注目されることもあります。外部からの「変化」の圧力は、国や行政など（川内さんの整理では①や②）のレベルからのものも大きいでしょうが、ヨコからの「刺激」もあるでしょう。それを受容できるかどうかも、ひとつの「地域力」だと考えます。これは、二つめに述べた地域の自己変革の問題につながっています。

八つ。ひとのアイデンティティは、ひとつではありません。ひとのなかには、さまざまなアイデンティティが重層しているはずです。当然それらが矛盾する場合もあるでしょう（「忠ならんとすれば孝ならず！」）。ひとはアイデンティティに軽重をつけ、時にそれらを選択して行動しています。組織や集団は、それを上から、外から、固定しようとします。主体性とは、そのようななかでの選択のことであり、当然矛盾と諦念を抱え込んでいます。それをていねいにすくい上げることに努めたいと思います。

九つ。大門さんが取り上げた「バッケの会」の自己表現とコミュニケーションの手段としての回覧ノート。声なき声がかたちを取って聞こえるようになったというのは、すごいと思います。でも、まだまだ聞こえない声や声なき祈りが、埋もれた資料や民俗文化として伝えられているはずです。そうした地域の文化遺産を掘る。それが地域の潜在資源・潜在能力ではないでしょうか。地域のかけがえなさは、豊かな文化イメージに支えられてこそ、確固としたものになるに違いないと思います。

おわりに

『「生存」の東北史』から学ぶことはたくさんありました。その一つは、地域における主体をどうとらえるかということです。この問題は、一人ひとりの個人が家族・集団・行政とどう関わるかという問題であり、家族・集団・行政がどういう役割を果たすかという問題でもあります。

戦前・戦中と、人びとは血縁・地縁の「しがらみ」に縛られてきました。国家の重圧も大きくのしかかっていました。戦後は、こうした「しがらみ」を離れて個人が自由に活動し、自主的に結合する動きが強まりました。しかし、個人が血縁・地縁からまったく離れることは不可能ですから、そうした動きは、いずれ血縁・地縁の変革に向かうことになります。

戦後、全国で村政民主化運動が展開します。そして、そのなかで地域の歴史の掘り起こしが起こったりするわけです。人びとは江戸時代以来の「自治」の伝統を発見し、新しい「きずな」の創造に向かいました。もちろん、その道のりは紆余曲折《うよきょくせつ》にみちたものでした。

しかし、東日本大震災後の今、そのことの意味をもう一度考え直してみてもよいのではないかと思います。そして、わたしたちの徳川社会論が時代と切り結べているだろうか、考えてみたいと思います。

もう一つは、人びとが人生について語った資料をどう読むかということです。個人史から全体史を構想するというのは、「生存」の歴史学の重要な方法のひとつですが、そのためにも個人の人生を語る資料をどう読むかが問われることになるでしょう。記録のつくられ方ということに、わたしは以前から関心をもっていましたが、以下の講義でも記録や資料の問題をさまざまな角度から考えてみたいと思っています。

今回の講義は、印象も内容も異なることを話すことになりました。しかし、いずれも徳川日本の経験にもとづきながら「生きること」の意味を考えようという、わたしの試みにつながるものだと思っています。意のあるところをお酌み取りいただければ幸いです。終わります。

第五講

人生を語る資料

はじめに

一九七〇年代末から八〇年代にかけて、自分史を書くということが、ひとつのブームになったことがありました。いわゆる高度経済成長が終わりを迎えようとする時期でした。戦中・戦後の時期に苦労した人びとが、生活に余裕が生まれた時期でもあります。自分の人生の軌跡を確認し、未来に伝えたいことは書きのこしておこうという気分が広がったのでした。

民衆史研究を引っ張っていた色川大吉さんは、民衆の生活や実感にもとづく歴史認識を広げるためにも、普通の人が自分史を書く必要があると説きました。その後、こうした自分史を含めて、民衆自身の記録にもとづいて、体験としての歴史をとらえる、という試みが行われるようになります。

自分史は「自伝」と言いかえてもよいのですが、ひとの人生や生活を描こうとする場合、「日記」というものもたいへん貴重な資料です。色川さん自身の自分史は、ご自分の膨大な日記を資料にされているそうですが、同じ人生を語るものとしても、日記と自伝とは意味合いを異にすると思います。

深谷克己さんは、「近世人」には身分を超えた共通の「人格」があるはずだと考え、江戸時代前期から中期にかけて生きた五人の人物を取り上げて分析しています。これら五人の共通点は、長い期間にわたって「日記」を書いていることで、これを用いてそれぞれの人生と人格を描いているわけです。

ただ、深谷さんは、本人が自分について記録したものを広く「日記」とまとめているようです。そのため、その「日記」には、その日ごとの出来事を当時記した日記もあれば、あとになって過去の出来事を振り返って記した覚書もあるということになっています。前者はいわゆる「日次《ひなみ》記」で、近代でいえば「日誌」に近いものです。後者は日付順に書かれていても回想された記録で、「自伝」に近いものといえるでしょう。

明治以降になると、日記も自伝も格段と多くなります。これらを縦横に使った歴史叙述も近年では盛んになっています。そのことは、これまでもふれてきました。日本近代の日記をめぐる諸問題を幅広く検討した西川祐子さんの『日記をつづるということ』は、たいへん興味深い仕事です。論をはじめるにあたって、西川さんはつぎのように問うています。

人はなぜ日記をつづるのか。日記は出来事を記録するためにあるのだろうか。それとも自己の内面をのぞきこみ、自分と対話しながら自我なるものを構築、それを表現する手段なのだろうか。あるいはまた、ブログにみられるように他者との交流手段の一つなのだろうか。

西川さんの言う、出来事の記録が「日誌」的なものといえるでしょう。内面の記録としての日記は、時々の感慨をまとめて書く場合が多く、のちの回想である「自伝」と同じような趣きをもつものです。他人に読まれる、または読ませるという目的は、「日誌」的なものにも「自伝」的なものにもありますが、どちらかといえば「自伝」的なものにその色合いが濃いと思います。

西川さんの関心は、日記を書くという行為は国民国家が国民を馴化《じゅんか》する（体制に馴れさせる）教育装置であったこと、それからの逸脱は、じつは日記を書きつづけるという行為から生まれること、などといった点にあります。こうした指摘は、日記を歴史資料として利用する場合に、つねに留意すべきことだと思います。

日記も自伝も、人びとの生活や実感・意識に即して歴史を描くうえで興味深い資料です。他方、きわめて個別性や主観性の強い資料でもありますから、扱いに慎重にならざるをえません。以下、そうしたことを考える手がかりとして、一つは日記と自伝における語りの位相について、もう一つは江戸時代と明治時代の自伝の語りの違いについて、わたしの狭い知識から思いつくことを話してみたいと思います。

榎本弥左衛門の場合

「榎本弥左衛門覚書」

榎本弥左衛門は寛永二年（一六二五）に生まれ、貞享三年（一六八六）に六二歳でなくなった武蔵国川越の塩商人です。彼の生涯については、第三講でひと通り話しましたので、思い出してみてください。彼の書きのこした記録が、大野瑞男さんの編集で『榎本弥左衛門覚書』と題して刊行されています。じつは、この本には二つの資料が収められています。

一つは「三子より之覚」と題されたもので、延宝八年（一六八〇）に五六歳になった弥左衛門が、自分の人生を振り返って三歳からの出来事を書いたものです。その後、貞享元年の六〇歳まで書き継がれていますが、回想風の「自伝」といってよい記録です。

前年の延宝七年、嫡男の八郎兵衛が結婚しています。しかし、翌年一九歳になった八郎兵衛は「いぢがはり、支置《しおき》ニこまり申候間、取出しくらべ」てみたとあります。

「支置」はふつう「仕置」と書き、処置するという意味です。広くは政治を指し、狭くは刑罰を意味します。ここでは、指導に困ったというところでしょうか。息子を教えるための心覚えとして、

榎本弥左衛門忠重絵像　延宝９年(1681)７月57歳のときに描かせたもの。１枚は長男に、もう１枚は次男に与えた。「家」を継承してほしいとの思いがこもる。

自分の経験を書き留めたのだと思われます。

もう一つは、「万之《よろずの》覚《おぼえ》」と題されています。二九歳で家督を相続した承応二年（一六五三）に、寛永一六年の一五歳からの分をまとめて書き、その後、万治三年（一六六〇）正月頃まで書き継いだものです。一〇代のことを含めて記事と執筆時期が近いので、内容は豊富です。最後の一〇年分ほどは、「日記」的な性格の強いものとなっています。

第三講では、こうした資料の違いにはふれずに彼の生涯をたどったわけですが、ここでは資料による語りの違いについて検討してみようと思います。具体的には、両方に共通する年度である承応四年（四月に明暦元年に改元）の記事を読んでみることにしましょう。

「日記」としての「万之覚」

先に「万之覚」のほうをみてみましょう。この年の記事は、正月二六日の晩に「雪ふり中候」という記載からはじまります。「少也。年明初也」と続きます。「雪は降ったが少しであった。年が明けて初めての雪であった」という表現には、記載の同時性を感じさせます。

次いで、正月中に川越で播磨の荒井産の塩が四五〇俵売れたという記事があります。二月になると、やはり川越で荒井産の塩が一一〇〇俵ほど売れます。さらに七月には、常陸で鰯《いわし》が大漁になり、塩がよく売れます。このとき弥左衛門は、鰯や鮪《まぐろ》の売買にも関わったようですが、これはあまり利がなかったようです。

二月一八日には、川越の殿様である松平甲斐守（輝綱）のところに、板倉周防守《すおう》（重宗）の女《むすめ》が輿《こし》入れします。三月には、甲斐守が江戸日本橋と川越のあいだを「けん(間)うち」(測量)して、途中に杭を打ったという記事もあります。

八月一〇日は日本中大風で、洪水の被害が出ます。次いで九月は大水が四度も出ます。諸国不作で穀物値段が高騰します。さらに九月二二日に江戸で大火が起きます。「町なみ家数三千余、家居家長家かけて八、九千家もやけ候」と弥左衛門は書いています。この火事のため物価はさらに上がります。このとき朝鮮通信使が参府の予定でしたが延期になり、使節が通る道筋は、急遽《きゆうきよ》板囲いをしてあらを繕ったと書いてあります。

通信使のことを弥左衛門は、「ちやうせん（朝鮮）唐人」と書いています。一行は一〇月二日に江戸に入ります。弥左衛門は行列の通行を日本橋本町で見物しました。その数は「三百六拾七人」。うち馬上の者が「弐百八十人程」「やりいろ〳〵卅《さんじゅう》すし（筋）計《ばかり》」「尐如此《かくのごとき》のやりなども有」「此外、はた・ふへ・たいこ・かねなど馬ニのり候ても吹候、うち候」、などと記しています。朝鮮の楽器の演奏は、日本人にはとくに珍しく興味深いものでした。絵画にもその姿が、必ず描かれています。弥左衛門も異国情緒を満喫した様子です。

「唐人参候て帰る迄、御上様御金四拾万両程入、此外大名衆下々の入めかけて、百万両も可入候。大成ついゑ、是ニまさり候は有間敷候」というのは、金銭勘定に敏感な商人らしい感慨というべきでしょう。大名の負担が領民に転嫁されることもありましたから、そんなことを危惧しているのかもしれません。

この年の記事は、「十月詩（塩）かい時、辻（今）年も同。いつも同前。少も不替候」という塩商売のことで終わります。そして最後には、「心おち付候」「少もさわぐべからず候」とあります。一年を無事終えることができた感慨でしょうか。

この年、家督を相続して三年目。家業にも精出し、好奇心も旺盛です。そうした雰囲気が「万之覚」の内容にも現れています。出来事の臨場感ある記述に終始していて、とくに教訓めいたことも述べていません。それが「日記」的な語りの特徴といえそうです。

「自伝」としての「三子より之覚」

「三子より之覚」の承応四年の記載は簡単です。全文を引用しても、以下の通りです。

卅壱才、弥諸人ニ不相背候様ニ、何事もおごりなく商《あきない》ニ情入申候、併《しかしながら》情分少よはみ申様ニ存候、商はさかりニ見ゆ、名聞《みょうもん》うすく成り、いんよくうすく、卅日とおのき候ても無望候也

この年、弥左衛門は三一歳。「商はさかり」でした。しかし、絶頂期だったというのは、あとから振り返ってわかることで、当時の「万之覚」の「日記」的語りでは、塩が大いに売れたことが記されていただけでした。絶頂期であった原因は、自身「商ニ情入」れた、つまり一所懸命取り組んだからだったのです。これは勤勉ということです。同時に交際や生活についても気を遣っていました。

「諸人ニ不相背」というのは正直で誠実な態度、「おごりなく」は倹約、「名聞うすく」は謙虚、「い

んよくうすく」は、性生活の節制を意味します。いわゆる「通俗道徳」にもとづく生活態度といってよいでしょう。そこに商売繁盛の要因をみているわけですし、それを子どもへの教訓にしようとしたわけでしょう。こうしたところに「自伝」的語りの特徴がみてとれます。

この覚書を書いたころ、弥左衛門は後継者である息子の「支置」に悩んでいました。「死へちかく存候」という自覚もありました。この帳面のことは、はじめは他人に見せたり話したりするつもりはなかったのですが、「異見」をもらうために四人の「真実ノ人」に見せています。自分が子どもに伝えようとしていることが適切かどうか、判断してほしかったのでしょう。

あわせて同年九月に、一四歳で嫁入りする次女たけのために、「異見状」を書いています。このことにも「三子より之覚」を書く動機と同じ思いがあったでしょう。弥左衛門は、たけあての「異見状」を長女のさんにも見せるように書いていますが、この「三子より之覚」も嫡男の八郎兵衛をはじめ、子どもたちへの教戒として書いたものに違いありません。

人は、さまざまな時期にさまざまな動機から、みずからの生活や人生を振り返ります。その記録は、それによってかなり異なった様相を示すことが予想されるでしょう。弥左衛門の場合には、「日記」的な語りでは出来事が臨場感をもって語られるのに対して、「自伝」的な語りでは教訓が中心になる、という特徴が読みとれました。

池田光政の場合

「池田光政日記」

池田光政は江戸時代前期に活躍した大名です。慶長一四年（一六〇九）生まれ。八歳で姫路城主池田利隆の跡を継ぎますが、すぐに鳥取に転封され、さらに寛永九年（一六三二）に岡山藩に移されます。以後四〇年間にわたって岡山藩主を務め、寛文一二年（一六七二）に致仕、天和二年（一六八二）に七四歳で亡くなりました。保科正之や徳川光圀などと並ぶ江戸時代前期の「明君」として知られています。

光政は、自筆の日記を遺《のこ》した大名としても有名です。大名家には、藩政の動向を記した「御用日記」や、藩主の動静を記した「御側日記」などが残ることがあります。しかし、藩主自身が記した日記というのは、かなり珍しいものです。そこに光政の自意識の高さがうかがわれるのですが、その文章には彼の息づかいまで聞こえるような臨場感があります。

「光政日記」は全部で二一冊あり、ほとんどが横半帳に書き継がれたものです。横半帳は、用紙を横半分に切ったものをさらに半分に折ったもので、小判で携帯に適した帳面です。それに対して竪帳《たてちょう》というのは、用紙をそのまま縦長半分に折って綴ったもので、ふつうの帳簿がこのタイプです。「光政日記」は二一冊のうち一冊だけが竪帳で、のちに清書されたものではないかと考えられます。

日記は寛永一四年（一六三七）一〇月八日にはじまります。しかし、この年を含め寛永一七年までは、内容がきわめて簡略で、詳しく記述されるようになるのは、寛永一八年からです。

寛永一四年は島原・天草一揆が起きた年であり、一八年はいわゆる寛永飢饉の兆しがみえはじめる年です。いずれも光政が寛永一九年からはじめる「改革」政治の契機となった事件です。光政のなかで危機意識が深まり、藩政への意欲が高まるなかで、日記も書きはじめられたのです。

他方、日記の最後は寛文九年（一六六九）二月二日です。前年の内容も簡略で、それなりに詳しいのは寛文七年までです。この年光政は、寛文六年からはじめた最後の「改革」をめぐって、幕閣との軋轢《あつれき》が深まり、病気になります。藩政への意欲が萎えたようにもうかがえます。

つまり、この日記は、光政がみずからの政治的実践を記録したものだということができます。内容も、幕府との遣り取り、藩内の出来事、役人の任免、家臣たちの動向、法令やみずからの教諭の文章など、藩や家中の運営に関わることに終始しています。子どもたちの婚姻に関わることも書かれますが、それも彼にとっては「表向き」の政治です。「奥」の女たちの人形芝居見物のことが書かれていますが、それも家中の倹約政策に関わる事柄でした。

光政は自己反省を欠かさない人でした。学問に打ち込んだのも、そのためです。日記も子孫への教訓のためでなく、自己の実践の備忘と反省のために記したと思われます。

「池田家系図」

寛永一八年、幕府は『寛永諸家系図伝』を作成するために、諸大名から系図の提出を求めました。これを受けて九月一二日に、岡山藩と鳥取藩の家老が同道して系図を提出しています。この系図には、岡山・鳥取の両池田家だけでなく、すでに断絶した家も含めて、池田恒興《つねおき》以来の一族の系図がすべて書かれています。

鳥取藩主の池田光仲は、当時一二歳でした。初入国したばかりで、それまでは光政の後見を受けています。家中での立場もまだ不安定でした。実質的に「池田家系図」の作成・提出にあたったのは、光政であったに違いありません。

池田家の遺品を所蔵する林原美術館に、光政自筆の「池田家系図」が伝えられています。『寛永諸家系図伝』として提出したものと内容は同じです。この系図には、「右、寛永十八年、台命を以て上書する所の系図なり。爾《これ》より以後、年を逐《お》って其の事を記録す」とあって、寛永一八年以降の治績が追記されています。

追記の最初は、「寛永十九年十一月、公方様（将軍家光）より、始めて御鷹の鶴を賜わる」という鶴拝領の記事です。つぎには、江戸城の「若君様（のちの将軍家綱）御殿之石垣」を御手伝普請したことに対して、「御樽」を拝領した記事があります。こうした記事が毎年のように続き、あいだに「御暇《おいとま》」を賜ったり、岡山へ帰城した記事がはさまります。子どもの婚姻のことも何回か出ますが、これは大名の婚姻はすべて将軍の許可を得て行われたことによるものです。

追記の最後の記事は、寛文一〇年、光政はこの年号を書き落としていますが、四月一八日「御暇」を賜り、五月七日に「備城（岡山城）に帰る」というものです。光政が致仕するのは寛文一二年ですが、もうこのころにはその決意を固めていたのでしょう。ここで終わりとなります。追記の部分の筆つきにはまったく変化が認められないので、時々に書き継いだのではなく、寛文一〇年頃にまとめて書いたものと思われます。

日記と系図ではまったく印象が異なります。日記では藩政そのものを丹念に記録したのに対して、系図のほうは将軍との御恩と奉公の事柄に終始しています。筆跡も両者では違っていて、日記が光政の日常使う独特のくずし字体であるのに対して、系図はそのまま提出するものではないにもかかわらず、楷書体で書かれています。「家」というものを意識するときには、光政はみずからの人生を、将軍との関係において総括するわけです。

「自歴覚」

光政には、もう一つ人生を総括した覚書があります。「自歴覚」と呼ばれる、やはり自筆の履歴書です。こちらの字体は、光政独特のくずし字です。光政は、寛文一二年六月に家督を嫡男の綱政に譲りますが、その直後に書いたものと思われます。内容は、慶長一四年（一六〇九）の誕生にはじまり、寛文一二年の隠居と母福照院の死去までのことを箇条書きにしています。この「自歴覚」には、興味深いことがいくつかあります。

一つは、履歴の前半と後半で書き方が大きく違っていることです。つまり、誕生から四五歳の承応二年（一六五三）までは年ごとに記述しているのに対して、後半はその後に行ったおもな施策を箇条書きに列挙しているのです。

さらに細かくみてみますと、前半では、幕府や将軍との関係が中心で、御目見《おめみえ》・参勤・御手伝・拝領などについて記しますが、自国の政治のことはほとんど書いていません。他方、後半のほうは、幕府関係は最初に「是より隠居迄、一年替りニ江戸へ参勤」と記すのみで、あとはすべて藩内での仕置（政治向き）のことばかりです。つまり、承応二年を画期として、「公儀」と藩の位置関係が逆転しており、それ以降は自国の仕置に専念する姿勢が鮮明に示されているのです。この年、光政は備前の大洪水を契機に、第二の「改革」をはじめます。この「改革」のしばらく前に、光政は熊沢蕃山の学問と出会っており、この「改革」をもっとも自分らしい政治と自負していました。そのことが、この違いを生み出した背景にあることは間違いないでしょう。

もう一つの背景としては、三年前の慶安四年（一六五一）に、将軍家光が亡くなったことが考えられます。光政は、五歳年上の家光に対しては、親密で人格的な主従意識をもっていましたが、幼い将軍家綱とのあいだにはそうした関係は希薄でした。

家光亡きあと、家綱を支えたのは酒井忠清らの門閥譜代層でしたが、そのとき光政に「むほん」心があるという噂が流れ、光政と幕閣とのあいだはぎくしゃくします。光政には自分こそが「公儀」の理念を体現した政治を行っているという自負がありましたから、幕閣に対する批判的な言動が目立つようになります。そうしたことが、「自歴覚」の内容に反映しているのではないかと考えられるわけです。

とすると、先にみた系図の追記は、どのように考えたらよいのでしょうか。淡々と綴られた将軍との関係は、光政にとっては、「家」の立場に立ったときの儀礼的な建前にすぎなかったというべきでしょう。その事績は、「自歴覚」では、「時服・銀子・御馬・御鷹ノ鶴・御鷹雁・鷭《ばん》・

雲雀《ひばり》・御樽・肴《さかな》・御菓子、度〳〵拝領之事」という一項目にまとめられています。「治者」としての本音は「自歴覚」にあるといえるでしょう。

では、承応三年以降は、どのように書かれているのでしょうか。この書き方もじつに特徴的です。承応期（一六五二〜五五年）以降の藩政を光政は独自のものとして自負していたといいましたが、じつは承応期の施策としては、「横役」（村方の諸用にあてる付加税）の廃止と洪水時の飢人救済のことがあげられているだけです。万治期（一六五八〜六一年）の「祖廟」（儒教式の先祖祭祀を行う廟）の取り立てをはさんで、「学校取立」以降はすべて寛文期（一六六一〜七三年）の最後の「改革」期の施策があげられています。「閑谷《しずたに》学校取立」「郡々手習所申付」「和意谷へ改葬」「神職請」「善事書」「井田」「寄宮《よせみや》」「社倉」など、いずれも寛文六年以降の政策です。

承応期の「改革」がそれなりに成果をあげて定着したのに対して、寛文期の「改革」はある意味では未完成でした。光政は、その継承を息子の綱政に強く期待したに違いありません。「自歴覚」は、そのためのいわば引き継ぎ事項を列挙したものでもあったのです。

やはり光政においても、人生の語り方は一様ではありませんでした。

新井白石と松平定信

『折りたく柴の記』

新井白石の『折りたく柴の記』は、江戸時代を代表する自伝といってよいでしょう。白石は明暦三年（一六五七）、江戸に生まれています。彼の家は上総《かずさ》国久留里藩土屋利直の家臣でしたが、故あって浪人。白石は木下順庵に儒学を学んだのち、その推薦で甲府宰相徳川綱豊（のちの六代将軍家宣）の侍講となります。元禄六年（一六九三）、三七歳のことでした。

その後、宝永六年（一七〇九）に家宣が将軍になると、幕府政治に参与するようになり、その子の七代将軍家継にも仕えます。その時代の幕府政治が「正徳の治」と呼ばれたことは、歴史の教科書などでよくご存知のことと思います。正徳六年（一七一六）に家継が亡くなって吉宗が八代将軍を襲職すると、政治の中枢から退けられ、晩年は不遇のうちに過ごしたといわれています。『折りたく柴の記』は、享保元年（一七一六）の一〇月四日に書きはじめられています。白石は六〇歳になっていました。この書を書く意図を、白石は序でつぎのように述べています。かいつまんで訳してみましょう。

昔の人は言葉少なで、必要な事だけを言って、みだりにものを言わないものであったが、自分の父母もそうした人であった。晩年に病気の看病をしたが、そのときも、言葉というものは過ちの多いものだから、言わないに越したことはないと言うので、いろいろなことを聞きそびれてしまった。親のことも祖父母のことも詳しく知らないのに、今となっては問う人もなく、悔しい思いをしている。そのため、自分の子どもには同じような悔しい思いをさせたくないと思っている。今は暇な身になったので、心に思い出すことをそのままに書き置こうと思う。とくに、父や祖父が身を起こすのに苦労したこと、自分が前代のご主人からご厚遇されたことは、世の中につねにあるようなことではない。そのことを思えば、子どもたちが忠孝の道を誤ることもないだろう。

つまり、子どもたちが忠孝の道を行う手助けになるように、「家」のことを記録しておこうというのです。ただし、先祖のことは、上中下の三巻からなる本書のうち、上巻の三分の一を占めるだけで、上巻の残りは白石の誕生から綱吉時代までのことが書かれています。

なかでも詳しいのは、白石が徳川綱豊に仕えて以降のことです。次いで中巻と下巻は、宝永六年から正徳六年まで、すべてが家宣・家継時代の出来事で埋められています。つまり「正徳の治」といわれる時期の諸政策が詳しく述べられるわけですが、それらはすべて白石自身が深く関わったことでした。

しかし、吉宗が将軍になると、それまで政治の中枢にいた人たちは職を解かれてしまいます。白石についても、「おもふさまに天下の事申おこなひしやうに」非難めいて噂されているといいます。自分のことはどう言われてもかまわないのだが、ただ一〇〇年後の「公議定まらむ日」に、将軍家宣のことが悪し様《あしざま》に言われることは耐えがたい。これが、この書を結ぶ白石の言葉です。

のちの世に家宣・家継の治世を正しく伝えるために、この書は書かれたのでした。それは、自分の事績を子どもたちに伝えること、つまり自己の存在証明でもありました。

「公議」の定め

「外ざまの人の見るべきものにはあらねば」と白石自身が書いているように、『折りたく柴の記』の自筆の清書本が、白石の家に長く秘蔵されていたそうです。しかし、白石もその子孫も、いつかこの書が「世間」に出ることを考えていたと思えてなりません。そのときこそ「公議」が定まるときであるはずです。だからでしょうか、いつしか外の人の目にふれて、写本がつくられるようになります。現在、明治以前の写本がそうとう多数存在していて、写本として広く読まれていたことがわかります。

「公議」というのは、「天下」の人が事の善悪是非を議論することです。柔らかくいえば「世間」の評判であり、堅くいえば歴史的評価です。そこには「家」の内に閉じているようで、じつは「世間」に開かれた緊張感があります。もちろん白石のおかれた特別の状況もあったでしょうが、『折りたく柴の記』がもつ迫力は、そうしたことに由来するといって間違いはないでしょう。そこに人生を語る意味があります。

『宇下人言』

白石よりほぼ一〇〇年後の宝暦八年（一七五八）、松平定信が生まれています。御三卿のひとり田安宗武の子でしたが、のちに奥州白河藩松平定邦の養子となります。田沼意次が失脚するときに老中首座となり、いわゆる「寛政改革」を進めたことは、よく知られています。

『宇下人言《うげのひとごと》』は、その定信が書いた自伝です。内容は、誕生から寛政五年（一七九三）に老中を退任するまでの出来事です。なかでも、天明六年（一七八六）に老中に就任して以降の記事が、三分の二近くを占めています。これは、白石の『折りたく柴の記』と同じ傾向です。

この書について定信は、「子孫老中になり候ものは一覧有之べし」と述べています。子孫に読ませること、とりわけ老中時代のことを詳しく書くという意図は明確です。この時代のことは、政策の背景まで詳しく説明されていて、「寛政改革」を考察する不可欠の資料であることは間違いありません。それ以前のこととしては、幼少・青年期の修学と、白河藩主時代の天明飢饉への対応が興味深いものです。

青年時代では、一一歳の頃から「治国の道」を知りたく思って工夫を重ねたこと、藩主となってからでは、日頃から有志の大名と交流を深めていたこと、などが注目されます。それが、老中としての政治活動の基礎にあると位置づけているように読み取れます。

『宇下人言』も、「他見は決てあるまじく」という定信の言に従って、長く秘蔵され、「家」の外に出ることはなかったようです。その点は、「公議」に評価を委ねた白石とは大いに違うところです。思うに定信には、自己肯定感、言いかえれば「自足」の意識が強かったのではないでしょうか。『宇下人言』の末尾の終わり方がいささか唐突なこと、本書が稿本のまま遺されたことにも、そのことが現れているように思います。

福沢諭吉と福田英子

『福翁自伝』

明治以降の自伝の傑作として誰もがあげるのが、福沢諭吉の『福翁自伝』です。明治三〇年（一八九七）六四歳になった福沢が、速記者を相手に口述したものを、みずから校正して出版したものです。座談にもとづくものだけに、文章も内容も闊達《かったつ》で、おもしろく読めます。

全体の四分の三ほどでは、誕生から明治五、六年までの出来事が回想されています。なかでも安政二年（一八五五）に緒方洪庵の適塾に入ってから維新前後の出来事が中心です。三度にわたる外国旅行のことも記されます。その体験は、福沢の方向を決定づけました。その間に『西洋事情』が書かれています。これが、福沢の最初のベストセラーです。このころが、福沢にとってもっとも懐かしい時代であったのでしょう。福沢の二〇代から三〇代です。

そして、最後の四分の一ほどで、福沢の人生観が述べられています。四〇歳以降を含め、六四年の人生を総括する意味で語られています。

全体として、功成り名遂げた福沢の余裕が感じられます。「今の世界に人間普通の苦楽を嘗《な》めて、今日に至るまで大いに恥ずることもなく大いに後悔することもなく、心静かに月日を送りしは、まずもって身の仕合せと言わねばならぬ」と福沢は述べています。「私は自身の既往を顧みれば遺憾なきのみか愉快なことばかりである」とも述べます。

青春時代の「無頼」の言動をユーモアたっぷりに語るのも、へんな嫌味がありません。福沢の得な性格でしょう。老年に至った「自足」の感情が随所に現れています。

福沢は、自分からは「政治に関わらない」と書いています。だから「立身出世の野心」もないし、「人に依頼する」こともない。「誠に淡泊なもの」だ。「実を言えば私は政府に対して不平はない」とも言います。「世間に圧制政府という説があるが、これは政府の圧制ではない、人民の方から圧制を招くのだ」、つまり個人の側に問題があるのだと言うのです。

だから自分は、「まず一身の私を慎み、一家の生活法を謀り、他人の世話にならぬようにと心掛けて、さて一方に世の中を見て文明改進のために施してみたいと思うことがあれば、世論に頓着せず思い切って試み」てきたのだと言います。

「一身独立」「自立自活」こそがすべてです。福沢は因循姑息《いんじゅんこそく》な武士が大嫌いでした。しかし、名利をものともせず、「勉めることは飽くまで根気よく勉めて」、最後は「人間万事天運に在りと覚悟」するという福沢の精神は、どこか江戸時代人に通ずるところがあります。

しかし、やはりこれは、功成り名遂げたあとにこそ言えることかもしれません。福沢には「圧制」に苦しむ世界や日本の民衆への目線が欠けていたというのは、ひろたまさきさんや松永昌三さんの言うとおりでしょう。

江戸時代と違って明治以降の自伝は、「家」の中にとどまるものではなく、刊行されることによって、最初から「世間」に開かれていました。しかし、「自足」の気分は、「世間」との緊張感を欠くものです。時代への目が試されます。

『妾の半生涯』

福沢諭吉は明治三四年（一九〇一）、六八歳で亡くなります。福田英子の自伝である『妾《わらわ》の半生涯』は、三年後の明治三七年一〇月に刊行されています。日露戦争のさなかのことでした。英子は岡山藩の武家の娘として慶応元年（一八六五）に生まれています。少女時代から自由民権運動に関わり、その後に社会主義の活動家として知られた女性です。

この自伝には、誕生から夫である福田友作が亡くなった一年後の明治三四年頃までのことが書かれています。この年、英子は日本女子恒産会をおこし、角筈《つのはず》女子工芸学校を設立しています。一身上の経済的独立がなければ女性の独立はない、という信念にもとづくものでした。このとき英子は三七歳です。『福翁自伝』と同じように、三〇代までの半生が振り返られているのです。しかし、二つの自伝の肌合いは、相当に違います。福沢が二〇年以上経ってから回想しているのに対して、英子がこの書を書いたのはまさしく四〇歳のときでありました。福沢のような余裕は望むべくもありません。

「はしがき」で英子は、この書を著した心境をつぎのように述べています。

世に罪深き人を問わば、妾《しょう》は実にその随一ならん、世に愚鈍《おろか》なる人を求めば、また妾ほどのものはあらざるべし。齢《よわい》人生の六分《ろくぶ》に達し、今にして過ぎ来《こ》し方《かた》を顧《かえり》みれば、行いし事として罪悪ならぬはなく、謀慮《おもんばか》りし事として誤謬《ごびゅう》ならぬはなきぞかし。羞悪懺悔《しゅうおざんげ》、次ぐに苦悶懊《くもんおう》悩《のう》を以《もっ》てす、妾が、回顧を充《み》たすものはただただこれのみ、ああ実にただこれのみ也《なり》。

これに続けて英子は、「懺悔の苦悶、これを癒《いや》すの道はただ己《おの》れを改むるより他《た》にはあらじ」と言います。しかし、この改心というのがまた大きな「苦悶」なのです。回顧も改心も「苦悶」を増すばかりだ。そこで英子は、はたと気づきます。自分の半生は「蹉跌《さてつ》の上の蹉跌」であったが、にもかかわらず「妾は常に戦《たたか》えり、蹉跌のためにかつて一度《ひとたび》も怯《ひる》みし事なし」。だから、自分の「天職」は「戦い」なのだと気づくのです。

そして、「この天職を自覚すればこそ、回顧の苦悶、苦悶の昔も懐《なつ》かしくは思うなれ」と言うのです。

結局、この「はしがき」は、つぎの言葉で結ばれます。


妾が烏滸《おこ》の譏《そし》りを忘れて、敢《あ》えて半生の経歴を極《きわ》めて率直に少しく隠す所なく叙《じょ》せんとするは、強《あなが》ちに罪滅ぼしの懺悔《ざんげ》に代《か》えんとするには非《あら》ずして、新たに世と己れとに対して、妾のいわゆる戦いを宣言せんがためなり。


福田英子は、未来への跳躍台として、この書を著したのでした。英子の視線は、「蹉《さ》跌《てつ》」の過去ではなく、生きるべき明日に向かっているのです。

英子は、なぜ人生の回顧を未来に向けて行うことができたのでしょうか。たぶんそれは、彼女がつねに時代と関わりながら生きてきたからに違いありません。彼女の軌跡は蛇行の連続でしたが、それがくっきりと鮮やかなのは、その姿勢が真っすぐで、ごまかしがないからでしょう。

おわりに

日記でも自伝でも、人生を語る資料は、書き手の個性があふれていて、じつに魅力的な資料です。江戸時代と明治時代を比べた場合、江戸時代の資料は、内向きにも外向きにも「家」を強く意識したものであり、基本的に「家」の内に秘すべきものだという意識が強いと思われます。

しかし、その場合にも、読まれることは前提にされているわけで、どのようなものでも筆者の意図は明確です。とりわけ公刊を前提とした明治以降の自伝の場合は、自己肯定ひいては自己宣伝の色合いが濃くならざるをえません。

こうした主観性の強い資料をどう読むか。筆者の意図に即しつつ、意図に反して読む。他の資料と重ねて読みながらズレを読み解く。読解の方法は資料ごとに多様であるに違いありません。資料との向き合い方は、読み手がどのような「問い」をもつかによって、おのずとみえてくるようにも思います。その「問い」は読み手に固有であることもあれば、他の人と共有している場合もあるでしょう。過去の人も孤立した個人ではないでしょう。過去を生きた人びとと、今を生きる人びととの大きな共振のなかで、人生を語る資料を読みたいものだと思います。

第六講

災害を記録する

はじめに

大きな災害というものは、人びとにとって忘れることのできない事件でした。ですから、人びとが記録を作成するようになって以来、そこには災害の記事が載せられるようになります。日本でもっとも古い史書である『日本書紀』に記録されている地震としては、允恭《いんぎょう》天皇五年七月一四日条に「地震《なゐふ》る」とあるのが最初です。西暦では四一六年にあてられていますが、確かではありません。先の天皇の殯宮《もがりのみや》の被害を確認するために諸臣が集まったのに、責任者であった葛城の玉田宿禰《たまたのすくね》が出仕せず、葛城に武装して籠ったため誅伐されたという事件の発端として、地震があったという記述になっています。地震があったかどうかも確かではありませんが、あったとしても、殯宮は無事だとありますから、ほかに大きな被害もなかったかもしれません。記録すべきは玉田宿禰の謀反であり、地震は〈添えもの〉といった感じです。

大津波についての最初の記録は、『日本書紀』天武天皇一三年（六八四）一〇月一四日条の「大きに地震る」という記事です。とりわけ四国地方の被害は大きく、「伊予温泉没《うも》れて出でず。土佐国の田苑《たはたけ》五十餘萬頃《しろ》、没れて海と為る」とあります。「是の如く地震ること、未だ曾《かつ》て有らず」と古老が語ったとも書かれています。南海トラフの境界で起こった地震による津波と考えられており、「白鳳南海地震」と呼ばれることもあります。
これより六年前の天武七年十二月に、「筑紫国、大きに地震る」という記事が、やはり『日本書紀』にあります。「地裂くること広さ二丈（約六メートル）、長さ三千余丈（九キロ余り）」と書かれています。

人びとが災害を記録するのは、被害の状況を把握し、災害の本質を理解したいという思いがあったからでしょう。何らかの対策を講じなければ、という考えもあったでしょう。と同時に、その災害の経験を後世に伝え、子孫の教訓になるようにしたいという思いもあったに違いありません。有名な鴨長明の『方丈記』も、そのように読むことができると思います。

さまざまな立場の人びとが、それぞれの関心にもとづいて記録を残すようになるのは、やはり江戸時代からのことです。村の記憶をさかのぼって整理し、村の年代記がつくられるようになるのは寛文年間（一六六一～七三年）頃からのことです。

そして、その中心が災害の記憶であったことは、『徳川社会のゆらぎ』で述べています。この時期から社会のステージが変わっていきます。その後に大規模な災害が集中するのが元禄期（一六八八～一七〇四年）です。その様子を、宝永四年（一七〇七）に起きた地震と津波を例に考えてみようと思います。

『楽只堂年録』について

宝永地震

宝永四年（一七〇七）一〇月四日、関東地方から九州地方にかけての広い範囲で、大きな地震がありました。南海トラフ沿いに起きたプレート境界地震で、最近の研究では、震源域は西は四国沖から東は御前崎沖までの広範囲に及ぶものであったと推定されています。M8.6、歴史地震として最大級のものでした。地震後、九州西部から東海地方まで津波が押し寄せています。

時期は徳川綱吉の治世の末期にあたります。綱吉の側近であった柳沢吉保をはじめ幕府のもとには、各地から被害状況が寄せられます。領主ごとの集約に精粗があって、正確な数字をつかむのは困難です。これまでの研究で、大まかな状況は左表のようにまとめられています。

地震動による被害は各地で確認できます。とくに甲斐・信濃・美濃・尾張・三河・大和など、内陸地域でも大きな被害が出ていることに注意してください。南海トラフの地震の場合、海岸部での津波被害のことが話題にのぼりがちです。しかし、津波の前に、地震の被害自体が甚大なのだ、それは内陸部にも及ぶのだ、ということを理解しておきたいと思います。

宝永地震の被害

『1707宝永地震報告書』内閣府（防災担当）2014年、表2-1より作成。

地　域	死亡（人）	負傷（人）	全潰（軒）	半潰（軒）	流失（軒）
甲斐	24	62	7,651		
信濃	10		590	801	
美濃			666	473	
駿河・伊豆・遠江	121	18	15,115	10,170	2,611
尾張・三河	25	2	6,448	4,613	294
伊勢・志摩・紀伊（一部）	1,143	81	3,764	4,492	2,158
近江			136	1,306	
山城			12	162	
大和	83	3	5,301	4,807	
大坂町中	534		1,061		
摂津・河内・和泉	44	14	5,762	10,035	64
淡路・播磨・摂津（一部）	9		214	11	
紀伊	689	222	690	619	1,896
出雲・石見			118		
備前				8	
安芸・備後			60	82	
讃岐	29	3	1,387	12	
阿波	420		230		700
伊予	26	53	946	578	333
土佐	1,844	926	4,863	1,742	11,170
豊後	37		400	273	409
肥後			470		
日向	7		420	346	26
計	5,045	1,384	56,304	40,530	19,661

津波の被害が烈《はげ》しかったことはいうまでもありません。とくに紀伊半島や四国・九州西部では、大きな被害が出ています。津波は外洋部だけではありません。東は大阪湾から瀬戸内海まで、西は豊後水道から周防《すおう》灘の奥にまで及んでいます。

柳沢吉保と『楽只堂年録』

前ページの表は、柳沢吉保の公用日記『楽只堂《らくしどう》年録』の記事などから集計されたものです。吉保は、万治元年（一六五八）江戸に生まれています。父の安忠は幕臣で、館林藩士であった徳川綱吉に付けられていました。延宝三年（一六七五）に父が亡くなり、吉保は一八歳で家督を相続し、小姓として綱吉に仕えます。延宝八年、綱吉が五代将軍に襲職すると、吉保は御小納戸役に就任し、以後、綱吉の信任が深まるにしたがって出世の道を進みます。そして、老中首座になり、ついには甲府城主として一五万石余を領するまでになります。

『楽只堂年録』は、全二二九巻。先祖の由緒にはじまり、綱吉の死にともなって宝永六年六月に隠居するまでの、吉保の事績が記されています。全体は日付にしたがって記述する「日次記《ひなみき》」（日誌）のかたちをとっていますが、この形式になるのは元禄二年（一六八九）の第四巻からです。前年の一一月に吉保は一万石を加増されて大名に列することになり、側用人に任じられています。

このことが契機になったことは間違いないと思います。

『楽只堂年録』の第一巻の冒頭には、吉保の序文が付けられていて、この日記がつくられた経緯がわかります。それによれば、吉保は「年譜」をつくろうと書きつけたものをためていたようですが、それが元禄一五年の火事で焼けてしまいました。柳沢邸が火事になった記事は、『徳川実記』の同年四月五日条にも出ています。仕方なく吉保は、あらためて資料を集めて八八巻の『年録』を完成させました。それが同年の一二月のことであったようです。現在の『楽只堂年録』第八八巻は、元禄一四年一〇月九日の綱吉が柳沢邸を訪れた記事で終わっています。

吉保は、はじめは房安と名乗っており、次いで佳忠、信元、保明と改名します。ところが、『楽只堂年録』では初巻から「吉保」で通しています。「吉保」は、元禄一四年一一月に綱吉から偏《へん》諱《き》を賜って名乗ることになったものです。このとき、子の安貞も偏諱を賜って「吉里」と改め、あわせて「松平」の姓も与えられています。

『年録』は、このこと以降に編纂されたために、初巻から「吉保」で通すことになったわけです。そして、元禄一五年以降の記事については、比較的時間をあけずに書き継がれたものと推測されます。内容も豊富になります。そして最終的に、二二九巻になりました。

元禄地震

ちょっと横道に入りすぎたかもしれません。

『楽只堂年録』は柳沢吉保の事績を記すものですが、その内容の多くは、綱吉との関係や幕府の儀礼、諸大名との交遊に関わるものです。そのなかで、俄然異彩を放っているのが、災害関係の記事です。その最初が、元禄一六年一一月二三日午前二時頃に起きた元禄地震です。この地震やつぎの宝永地震のことを記した『年録』は、ほかの巻とは違って、字も細かく、一冊の丁数も格段に多くなっています。

元禄地震は、M7.9～8.2と推定される巨大地震です。相模トラフ付近で起こったプレート境界地震で、震源域は相模湾から房総半島沖にまで及んだと考えられています。このため、江戸をはじめ関東各地に被害が広がりました。地震の直後には津波が起き、相模湾から房総半島で一〇メートルを超え、東京湾の浦安や江戸品川でも二メートルの津波がありました。

『楽只堂年録』には、「今暁八つ半時（午前二時から三時の間）希有《けう》の大地震によりて吉保・吉里急て登（闕字）城す、大手乃堀の水溢れて橋の上を越すによりて供乃士背に負て過く、昼の八つ時（午後二時）過に退出す」とあります。江戸の被害も大きなものでした。吉保のもとには関東各地からも情報が送られてきました。そうした「注進」を吉保はまとめて書き留めています。

元禄地震の被害

『1703元禄地震報告書』内閣府（防災担当）2013年、表1-1より作成。

地　域	死者（人）	全潰（軒）	半潰（軒）	流失（軒）
甲府領	83	345	281	
小田原領	2,291	8,007		
房総半島	6,534	9,610		5,295
江戸府内	340	22		
駿河・伊豆	397	3,666	550	
諸国	722	774	160	668
計	10,367	22,424	991	5,963

最初に小田原藩の損亡書付があります。小田原藩領は、地震・津波のうえに城下で起きた火事による被害が甚大でした。次いで、相模・伊豆・駿河・甲斐の幕府領代官の書付があります。そして、駿河・相模・安房・上総《かずさ》に知行地をもつ旗本や寺社領の被害届が続きます。ほかには、豊後府内藩と豊後湯布院筋幕府領の被害届があり、気になります。

また、信州松代藩真田氏からの届け出もありますが、被害は「侍家二ヶ所潰」のみでした。『楽只堂年録』などからまとめた全国的な被害は、上の表にまとめています。

被害救済のために、幕府は大久保氏に金一万五〇〇〇両の拝借金を与えました。ほかには、諸大名・諸役人に対して、拝金の延納を認めています。

こうした幕府の措置と領主などからの損亡届とは、連動していたかもしれません。江戸城修復のために幕府は、萩藩毛利氏ほか五大名に御手伝普請を命じています。

宝永地震の届書

宝永四年一〇月四日の『楽只堂年録』には、「今日八つ時地震強し」とだけあります。吉保が登城した様子はありません。身近に被害はなかったのでしょう。それでも七日には京都の仙洞御所に見舞い状を出していますから、上方の状況は三日ほどで江戸に届いていたと思われます。

一三日、自分の領内の「破損之覚」を登城するときに持参します。吉保は宝永元年に甲府城主になっています。登城の際にわざわざ持参しているのは、綱吉にも披露するということでしょうか。吉保は、この時点では「往還欠崩、通路無之」ために状況がつかめていなかった村の被害をあらためて書き上げ、二三日にも持参しています。

各地から届けられた書付は、一〇月晦日《みそか》の条にまとめて記載されています。その数は自領のものを含め、一二九通にのぼります。甲府のように二度以上報告しているものもあるので、領主・代官の数では九九か所になります。もっとも早いのは、一〇月五日付けの伊豆幕府領代官小《こ》長谷《ながや》勘左衛門《かんざえもん》などの届けで、遅いのは一一月六日付けの讃岐国丸亀藩京極氏からの届けです。地域は、東は下総《しもうさ》国銚子浦の報告、もっとも西は肥後国人吉の相良《さがら》氏からの届けです。

書付の日付を見るかぎり、被害届は幕府の指示によるのではなく、代官や大名が自主的に報告したものと思われます。代官の場合は幕府領の支配に直接関わりますし、大名の場合はのちに城郭修理を願い出る必要もあって、城郭の被害を中心に報告したとも考えられます。これは北原糸子さんの推定です。大名からの城郭被害の報告は五六件にのぼるということです。

一〇月一三日に、幕府は東海道筋の被害状況を見分するため、目付の安部式部と坪内覚左衛門を派遣します。幕府が派遣した役人は、この一件のみのようです。また、一一月一六日には、各地の道路・堤防の破損を早急に修理するよう命じています。

吉保が、幕府政治の中枢にあって、災害による被害状況に並々ならぬ関心をもち、その全体状況を把握しようとしたことは確かでしょう。被害の大きかった大名の江戸参勤の延期が認められたり、早期の帰藩が許されたりしていますから、こうした情報に意味がなかったわけではありません。北原さんが言われるように、城郭修理願いの際にも参照されたことでしょう。ただし、被害からの復旧は、領主の自力によるのが基本でした。

宝永地震の被害は、元禄地震とは比較にならないほど大規模で広域にわたるものでした。そのため、幕府に寄せられた届け出の数も多くなり、とくに大名からの届け出の多さが目を引きます。『楽只堂年録』にそれを記録した柳沢吉保の気持ちを想像してみれば、「尋常ならざる事態」という認識だったのではないでしょうか。それに吉保が適切に対応できたかどうかは、また別の問題でしょうが。

『谷陵記』について

土佐国の惨状

宝永地震の被害がもっとも大きかったのは土佐国です。とくに津波の被害は甚大でした。今の高知県が、土佐一国にあたります。全体が高知藩山内家の領地でした。宝永四年（一七〇七）一〇月四日の地震津波の直後から、高知藩では領内の被害状況の調査を奉行・代官に命じています。村々から出された注進は藩として集計され、幕府に報告されました。

最初の詳細な報告は、柳沢吉保の『楽只堂《らくしどう》年録』に載せられた「損亡破損大概之覚《おぼえ》」で、日付は一〇月一九日です。それによれば、流家七一六〇軒余、死人一五七〇余人、亡所之浦五二か浦などとなっています。その後、追加の情報もあったのでしょう。より詳細な「国中損亡之覚」が作成されました。これは『土佐国群書類従』に収載された「公義差出之覚」をはじめ、諸書に引用されています。

そのおもな内容をあげてみますと、流家一万一一七〇軒、潰家四八六六軒、破損家一七四二軒、死人一八四四人、過人（怪我人）九二六人、流失牛馬五四二疋、過牛六疋、流失米穀二万四二四二石、濡米穀一万六七六四石、流失・破損船七六八艘、亡所の浦六一か村、半亡所四か村、亡所の郷四二か村、半亡所三二か村、などでした。流家は約一・六倍、死人数は約一・二倍に増えています。

この「覚」には「亥十月廿四日」の日付をもつものがあります。『楽只堂年録』にこの「覚」は記録されていませんが、地震津波から一五日後の二〇日頃には、領内各地の被害状況がほぼ正確に把握されたと思われます。

長岡郡里改田《さとかいだ》村（現南国市）の庄屋を務めた宇賀家の文書に、「宝永四亥年大変注進一件」と題する資料があります。庄屋清左衛門らが奉行所などに提出した報告などの下書《したがき》一四通を紙縒《こより》で綴ったもので、災害直後の村方と奉行・代官との遣り取りがわかる貴重なものです。

里改田村から最初の注進がされるのは、地震から四日後の一〇月八日です。この日には四通の書付がありますが、個別の問い合わせに対する返答でした。里改田村から網羅的な報告が出されるのは、一〇月一四日です。

その内容は、藩が幕府に提出した一九日付けの「損亡破損大概之覚」とも対応していますから、奉行から指示された項目にもとづく藩への「正式」な被害届とみてよいでしょう。地震津波から一〇日後です。里改田村は城下にも近く被害も軽かったので、これ以降に報告はなかったようです。こうした村からの報告を踏まえて、藩から幕府への届けが作成されたと思われます。

奥宮正明と『谷陵記』

土佐国の宝永地震記録として有名なのは、奥宮正明《おくのみやまさあき》が著した『谷陵記《こくりょうき》』です。この書には、領内の浦や村の被害が網羅的に記載されています。そのため、これによって宝永津波における各地での波高や浸水範囲を復元することが可能です。この復元にもとづいて、今後の「南海地震」の被害予想も行われています。過去の歴史を未来の減災に役立てる「見本」のような記録です。

奥宮正明は慶安元年（一六四八）生まれで、享保一一年（一七二六）に七九歳で亡くなっています。通称は藤九郎。土佐高知藩士として検見役《けみやく》や代官などを務め、藩の儒者谷秦山《たにじんざん》に師事しました。歴史考証に優れ、編年体の資料集である「土佐国蠹簡集《とかんしゅう》」や「長宗我部地検帳」を整理した「秦士録《しんしろく》」などを著しています。

宝永四年の地震津波のときには六〇歳です。代官などを務めた経験を生かして領内を跋渉《ばっしょう》し、見聞したところを『谷陵記』にまとめました。いわゆる土佐南学派は、下級家臣や郷士層に広がりますが、野中兼山以来、彼らは民政に強い関心をもっていました。奥宮もその学風を受け継いでおり、『谷陵記』には民情に対する彼の厚い思いが滲《にじ》んでいます。

『谷陵記』の関心と立場

『谷陵記』の成立は、「後序」の日付から宝永四年の一二月と考えられます。地震津波から二か月ほどでこれだけの記録を仕上げたわけです。奥宮の執念というか、切迫した思いが強く感じられます。

本書における奥宮の関心の第一は、言うまでもなく土佐国の浦々村々における地震津波の被害を克明に記すことにありました。東は安芸郡甲浦《かんのうら》から西は幡多《はた》郡宿毛《すくも》まで、領内海辺村を網羅する内容には驚嘆させられます。

被害を「亡所」「半亡所」という表現でとらえることは、地震直後から藩が行っており、立場上奥宮も藩の資料を参考にしたのは間違いないでしょうが、記述のほとんどはみずから踏査し見聞したところを記したと考えられます。各地での古老からの聞き取りなども記述されています。

しかし、彼の関心はそれにとどまりません。地震津波の全体像をつかむために、江戸から西国まで全国の情報を集めて検討しています。これが第二の点です。それによれば、津波は土佐・伊予・阿波・紀伊・摂津・長門ばかりとし、「其外西国、中国、関東ハ地震計《ばかり》」と記しています。とくに隣国の阿波・伊予については、細かな被害状況にもふれています。大坂については、どのような情報によるかは不明ですが、「地震崩家一万四千十五軒　○高潮入、大船小船競落ス橋数三十八〇家倒レ圧ニ打レ、或ハ高潮ニ溺ルトモ、死人一万五千二百六十三人」と記しています。一〇月四日の地震津波とともに、一一月二三日にはじまる富士山の大噴火をあわせて記す記録は少なくありません。奥宮もいち早くその情報を得て、書き留めています。こうした大災害の連続を、奥宮は「運気」の異常に求めます。これが第三の点です。いかにも儒学者らしい考えですが、つづけて「八月十九日大風雨ノ後ヨリ諸木花開キ、偏《ひとえ》ニ春ノ如シ、秋毎ニ風雨スレバ、必花サクコト珍シカラストイヘトモ、十月四日ヲ過テ弥《いよいよ》草木生カヘリ、山ニハ楊梅実ヲ結ヒ、野ニハ筍生出ルコト夏ニ斉シ」とも記しています。地震の予兆として季節はずれに暖かかったことをあげる記録は、ほかにもあります。これも「運気」の異常を示すと考えたのでしょう。

第四は、過去の歴史をひもといて、今回の地震津波と比較することです。同種の事例としてまずあげられるのは、慶長九年（一六〇四）の津波です。ただし宝永四年当時に民間では、慶長九年の経験が想起されることは、きわめてまれでした。しかし、さすがに歴史考証に詳しい奥宮は、「崎浜談義所ノ住僧権大僧都《だいそうず》阿闍梨《あじゃり》暁印ガ記録ノ略」を引用して、その様子を紹介しています。「崎浜談義所」というのは、土佐国東部の佐喜浜浦《さきのはまうら》（現室戸市）大日寺のことです。奥宮は村々の被害状況を調査するなかで、慶長九年の津波の伝承についても尋ねたようです。元村（現室戸市）に「慶長九年潮ヨリ六尺卑《ひく》シト云」という記載があります。「六尺」は約一・八メートルです。

それによって、東灘の村では「阿闍利暁印ガ記録」からも推測できるように、津波の伝承も認められたわけですが、西方の郡では「幡多郡佐賀ヘハ此時ノ潮家迄入ル」という言い伝えが確かめられたのみで、「此外ノ浦々云伝《いいつたえ》ナシ」と記しています。

この記載は、慶長九年の地震津波の性格を考えるうえで、貴重な情報として現代の地震学者によっても注目されています。

次いで奥宮は、天武一三年（六八四）の地震津波にふれ、「当国ノ田苑《（ママ）》五十余万頃海底ニ没シヌ」という『日本書紀』の記事を引いています。これは、この講義の「はじめに」でも紹介したものですが、奥宮はこのことも現地で尋ねたようです。「東寺ノ崎ヨリ足摺《あしずり》ノ崎迄ノ海湾ハ往昔《おうせき》ノ田畠ニシテ白鳳以来ノ海也」という「国俗」の言い伝えを聞いたけれども、「未詳其実否」〈未ダ其ノ実否ヲ詳《つまびら》カニセズ〉と慎重な表現をしています。

文献と伝承を比較しながら確かめようとする、奥宮の学者らしい態度が際立っています。

『谷陵記』の諸本について

『谷陵記』の原本は確認されていません。一般には、『土佐国群書類従』に所載されたものから利用されることが多いようです。この『土佐国群書類従』は、高知藩の庄屋を務めた国学者の吉村春峰が編纂した叢書です。全一六〇巻一九六冊。万延元年（一八六〇）頃に着手し、明治一四年（一八八一）までかけたものといわれています。

『谷陵記』は巻七十四・災異部一に収められていますが、春峰がどのような本を参照したかはわかりません。春峰が著した『土佐国群書類従』の稿本は焼失したといわれ、数種の写本が春峰没後に政府に上呈されたそうです。現在、国立国会図書館・国立公文書館・東洋文庫・東京大学史料編纂所・京都大学などに所蔵されているものが、それにあたるでしょうか。

『谷陵記』は、その優れた内容から、のちの時代の人びとの興味を呼び、土佐国を中心に多くの写本がつくられ、広く流布しました。ここでは現在確認できた諸本のうち、『土佐国群書類従』編纂以前のおもなものを紹介しておきましょう。

国会図書館白井文庫本　表紙の題は「谷陵記　宝永四年天災之記　完」。あとがきから、文化九年（一八一二）三月二六日の写しとわかります。『土佐国群書類従』に『谷陵記』とともに所載される「公義差出ノ写」を含み、良質の写本です。

早稲田大学附属図書館本　表紙の題は「谷陵記」。筆写年代などは不明ですが、他の写本に記されていない内容があり、考慮に値する写本です。

田村本　文政六年（一八二三）七月二〇日に、佐川西谷（現津野町）の伊藤秉秋が筆写し、同年山内家より下ノ茅大庄屋田村新十郎が拝領したという記載があります。伊藤家は佐川を居所とした高知藩家老深尾氏の家臣と思われます。下ノ茅は、『谷陵記』では「亡所」とあり、大庄屋の田村新十郎は、職務上『谷陵記』を熟知しておく必要を感じていたに違いありません。「末世可相考事」「大変年代記ニ云」「丁亥変記」が一緒に写されています。脱漏が多く良質な写本とはいえませんが、筆写・伝来の経緯は興味深いものがあります。原本の所在は確認できませんが、橋詰延寿が写した謄写版『谷陵記』（私家版、一九八四年）があります。

土佐山内家宝物資料館所蔵本　同館には『谷陵記』の写本が三冊所蔵されていますが、そのうちの一冊。表題は「谷陵記　全」とあり、「公義指出之写」が含まれています。巻末に朱書で「右一冊は以武藤忠五郎之本、嶋楠写之／文化丙寅初冬上旬　山本氏篤蔵」とあり、「嶋楠」という人物が武藤忠五郎から借りて、文化三年（一八〇六）一〇月上旬に写したと思われます。それがのちに山本篤の蔵書となったのでしょう。

武藤忠五郎は、高知城下町の富豪武藤致和《むねかず》・平道《ひらみち》父子のいずれかと思われます。両人ともに国学者としても知られ、協力して『南路志』一二〇巻を編纂しています。

『南路志』巻七十三・年譜第二十八豊隆公御代は、宝永四年一〇月四日の項に宝永地震津波の記事を掲げ、「国中破損之所々」として『谷陵記』から抜粋しています。この原写本が、その際使用されたものに違いないでしょう。内容は早稲田本に近いものです。

森氏文庫本　高知県立図書館所蔵で、表題は「谷陵記　全」とあります。巻末に「寛政十午年（一七九八）春三月写之　森芳材《よしき》蔵」と書き込みがあり、「森氏文庫」の蔵書印が押されています。森芳材は高知藩士で、舟奉行・側用役などを務めた篤学の士です。芳材が奥宮止明の「土佐国蠹簡集」を筆写していることから、この写本も奥宮の原本に直結する写本である可能性があります。

現在のところ年記ももっとも古く、良質の写本です。内容は早稲田本に近く、『中土佐町誌』（二〇一三年）に写真と翻刻が掲載されています。

高知県立図書館所蔵「谷陵記・弘列筆記抜抄」　「抜書《ぬきがき》、幡多郡ハ宿毛計《ばかり》写、余ハ略之」とあり、奥宮の「後序」も省略されていますが、「公義差出之写」「弘列筆記」抜書が一緒に写されています。「弘列筆記」は正徳元年（一七一一）頃に成立した沢田十四郎弘列の覚書で、『土佐国群書類従』に収載されています。弘列は土佐山田に住した牢人で、谷秦山の弟子。「安政二乙卯（一八五五年）正月写之畢《おわんぬ》、防意新し」「源（原）本幡多郡宿毛之外略有焉」という書き込みがあり、この写本が依拠した原本に、すでに省略のあったことがわかります。

高知県立図書館所蔵「国陵記」　『谷陵記』「末世可相考事」「大変年代記ニ云」「丁亥変記」か

らなり、田村本と同じ構成であることから、その写しと思われます。末尾に「天保三辰年五月写之　池川豊則蔵」とあり、天保三年（一八三二）に写されたものとわかります。。

『雑記』十四所載『谷陵記』　『雑記』は、文化・文政期（一八〇四～三〇年）に宮崎竹介高門が編集した叢書で、高知県立図書館所蔵です。本文のところどころに高門による注釈が書き込まれています。早稲田本と同系統と思われますが、一部に錯簡《さっかん》があります。

近森重治文庫本　高知市民図書館所蔵で、「谷陵記　全」「末世可相考事」「大変年代記ニ云」「丁亥変記」を含む田村本の写本です。後書きに「宝永四年ヨリ今文政十二年迄百二十有三年ニ成／慶長九年丙申ヨリ同年迄二百三十有四年ニ成／宝永四丁亥ヨリ今嘉永七甲寅迄百四十九年ニ成ト云々」とあり、「谷陵記畢」と書いたつぎに、さらに「嘉永七年甲寅冬十二月四日ヨリ同七日夜ニ至テ写終／右同年大地震予十五歳也／猪太郎蔵書」と書き込まれています。

これらによれば、文政六年につくられた田村本が文政一二年に写され、それがさらに嘉永七年（一八五四）に写されたことになります。

このほかにも、二、三の写本を確認していますが、土佐国を中心に多くの写本がつくられたことがご理解いただけると思います。

写本の経緯からうかがえること

国会図書館本『谷陵記』の筆者は、後書きによれば、文化九年三月一〇日の地震を機に、『谷陵記』の筆写を思い立ったということです。この地震は高知県内陸部を震源とするもので、『日本被害地震総覧599-2012』では、M≒6.0?と推定されています。

このときは、「久礼、須崎、宇佐、福島、種崎、赤岡、安喜之浦人共、大に恐て近辺之山寄へ立除《たちのく》」と記されています。宝永地震津波の経験が伝承されていたのでしょう。その夜は七度地震があり、翌一一日は四度、それから毎日毎夜五度、七度と地震があり、二〇日頃まで続きました。それでも一六日頃には落ち着いたので、老人たちも家に帰りました。津波はなかったようです。

慶長九年の津波から宝永四年までは一〇四年、宝永四年から文化九年までは一〇六年でした。「慶長之頃ハ乱世之際ニ而《て》四民住所も聢《しか》と不定」、慶長のころはまだ乱世の余塵が残っていて、人びとの去就も定まっていなかった。土佐国でいえば、長曽我部氏の支配が倒れ、山内一豊は前年の慶長八年に居城を浦戸から高知に移したばかりでした。「慶長之大変、宝永之頃ハ言伝へも無之、時跡亡失故、不覚之溺死多し」、だから慶長期の体験が後世に伝わらず、宝永津波で溺死者が多く出たのだと筆者は書いています。

他方、「宝永之頃ニ至ては、最早《もはや》治世打続き、民百姓迄安堵ニ暮、子孫連綿たる間、中継も近年之如く事に当れハ、其沙汰日々新し」。宝永のころには世の中も落ち着いて、庶民の家も代々存続するようになった。そのため、宝永津波のことは今にたしかに伝わっており、その伝承は「日々新し」、つねに更新されているというのです。

「今年大地震すといへとも津浪の入来らさりしハ、御治世之忝《かたじけなき》所也」。しかし、「凡天地之変百年ニ一度は必災有ものと老人之言伝へも有」るとおり、「従是《これより》又百年星霜を経る時は、必大変有へし、其頃は宝永之津浪も二百年に及ふ故、もはや神代のごとく思ひなして、実に有し事とは思ふへからす」。一〇〇年に一度は大災害が起こるという古老の言い伝えもあるが、このままでは一〇〇年後まで宝永の記憶が伝えられるかどうかおぼつかない。だから、後世の人が非業の死を遂げることがないように、この書を写しておくのだ、というのです。未来に向けて、記憶を更新・継承しようとする意識は明瞭です。

　嘉永七年一一月五日のいわゆる安政南海地震に際して、宝永地震津波の伝承が生かされて、被害が少なくとどめられた所が多かったことはよく知られています。このときにも、人びとは災害を伝承することの重要性に、あらためて気づいたに違いありません。

　近森重治文庫本『谷陵記』は、安政南海地震の一か月後の一二月四日から七日にかけて筆写されています。ここでも新たな経験を機に、歴史を振り返って記憶を更新・継承しようという努力が行われています。しかも、筆写した猪太郎は地震の当時一五歳です。若者たちが記憶を代々伝えていこうとしていることは貴重です。

高知県立図書館所蔵「谷陵記・弘列筆記抜抄」も、安政地震津波から二か月ほどのちの安政二年正月に筆写されています。「防意新し」と書かれているように、防災意識を更新しようとする意図はここでも明瞭です。

『雑記』に『谷陵記』を収録するにあたって、宮崎高門は注釈を付しています。そこには当時の彼の体験が反映されています。

高門は文化四年（一八〇七）一一月、公務で東灘に行くことがあり、佐喜浜も訪れました。その地の「里長」（庄屋）に、談義所の場所と「阿闍梨ガ記録」は今もあるか、と尋ねています。「里長」は「古キ書記《かきしるし》有リ」と言って見せてくれたので、高門はそれを謄写します。「是則奥宮氏所《いわ》謂《ゆる》記録ト云モノ也」。高門の頭の中には、つねに奥宮の『谷陵記』のことがあり、それを現地で確かめ追体験することを忘れていません。

本文の香我美郡「芳原」（現香南市吉原）の項には、つぎのような注記があります。文化五年、高門は「測量使」に随従することがありました。「測量使」には「伊能勘解由《かげゆ》」（伊能忠敬）と割注があります。『伊能忠敬測量日記』にも「浦方下役宮崎竹助」の名が見えます。『日記』によれば、忠敬一行は四月二八日に「吉原（芳原）村」を測量しています。そこに高門も同行していました。『谷陵記』には、「芳原」の砂浜が高潮に押し流されて、下から昔の田の跡が現れたと記されていますが、それに関わって「当国丁亥ノ変ニ東ハ地高クナリ、西ハ低クナル」ということが話題になりました。「丁亥ノ変」は、宝永地震津波のことです。

それに対して忠敬は、「地ノ高下スルコト国々ニ多シ、怪ムニ足ラス、且、南北ニ海ヲウケタル国ハ、漸々ニ浜出来テ海地トナリ、北西ニ海ヲウケタル国ハ浜減シテ地海トナル、吹上ケノ地紀ノ国ノ人知所、其佗（他）諸所ニ多シ」と答えたと高門は書いています。紀伊国の吹上は紀ノ川河口にあり、歌枕として名高い所です。同じ「吹上」という地名が、土佐国西部の幡多郡入野（現黒潮町）にもあることから、高門は忠敬の説明に納得しています。

また、「津呂・室津・手結《てい》ノ港」は浅くなり、「幡多郡小尽《こづく》シノ港」で田地が海没していることを確認し、「本国西ノ下リタル証ナリ」と記しています。そして、「正明主ノ説適当セリ」と結んでいます。ここでも高門は、『谷陵記』の正しさをみずからの見聞で確かめているわけです。

土佐国の地勢を考えるとき、つねに『谷陵記』を通じて宝永津波の経験が振り返られるのです。そのような災害の「古典」として、土佐国では『谷陵記』が読み継がれているのです。

「歳代覚書」をめぐって

田原藩の被害

宝永地震のとき、現在の愛知県渥美半島地域は震度六から七の激震で、津波も五メートルほどになりました。半島の中ほどにある田原を居城とする田原藩は、画家・学者として著名な渡辺崋《か》山《ざん》がのちに家老を務める藩ですが、知行高一万二〇〇〇石の小藩です。

『楽只堂年録《らくしどうねんろく》』には、この藩からの被害届もあります。それによれば、城郭では城構えの塀が残らず倒れ、櫓《やぐら》一か所・門櫓三か所・冠木《かぶき》門六か所が大破、などとあります。潰家は、家中侍屋敷四一軒、町郷村一二八〇軒、領内寺院四か寺、となっています。津波による被害では、流死が男二人、船三二〇艘余・漁猟網一六〇帖余が流失、潮入田畑の反別はいまだに不明とあります。届け出の日付は「十月」となっています。

田原藩領に下野田村という村がありました。この村の住人が記したと思われる「歳代覚書《さいだいおぼえがき》」という資料があり、そのなかに「大地震之事」という記事があります。そこには、地震の様子が細かく記されています。

野田村では、地震直後に藩からの「御触状」を受けて、六日に被害届を提出したようです。このときの調査にもとづく幕府への届出が、『楽只堂年録』に記録された「十月」付けの書付だと思われます。その後、帰国の許可を得た「殿様」（藩主）が田原に帰ったのちに、あらためて「御触状」があり、一一月一七日に居宅分について再度被害届を出しています。

「歳代覚書」にある「御領内ニて惣家数小屋共に千四百軒程ころび申候由ニ承り候、この内五百八拾軒ハ野田也」という数字は、このときのものでしょうか。『楽只堂年録』の数字よりは一割ほど多くなっています。

「むらゆり」

「歳代覚書」で注目されることのひとつは、「むらゆり」についての指摘です。地震の揺れに、強弱のむらがあったというのです。渥美郡内でも、「赤沢村・田原御城内・野田村・赤羽根村ハ池尻の川筋の村大破ニ及申候、其の外の村には倒れ家無之候、この内別して大破は野田村也」という状況でした。

先にあげた二度めの集計では、野田村の被害が田原藩内の四一％を占めています。しかも、同じ野田村のなかでも地区によって「むらゆり」がありました。「野田村の内ニてもむらゆり有之、

「歳代覚書」に記された被害状況

地区	戸数（戸）	居宅					小屋		
		全潰（軒）	半潰（軒）	計（軒）	全潰率（%）	倒壊率（%）	全潰（軒）	半潰（軒）	計（軒）
今方	46	26	13	39	57	85	36	26	62
北海道	45	28	5	33	62	73	49	4	53
市場	49	15	12	27	31	55	20	15	35
保井	41	19	11	30	46	73	35	22	57
東馬草	68	3	2	5	4	7	5	0	5
西馬草	41	2	19	21	5	51	13	20	33
南方3村	220	36	24	60	16	27	50	70	120
計	510	129	86	215	25	42	208	157	365

1戸あたりの居宅は必ずしも1軒とは限らないが、1戸1軒として計算している。

保井・北海道・今方・南方はせぎ・新家坪・市場の内半分、此分強くゆり、家も損じ申候、此外彦田・細ほり・雲明・山本・杉川・馬草等はわずかのゆりに候、夫故《それゆえ》ころび家は無之候」とあります。

「歳代覚書」には、野田村内の枝村ごとの被害状況が書き上げられているので、それを上の表にまとめてみました。「歳代覚書」で「馬屋・納屋・せっちん」とあるものを、表では「小屋」とまとめています。居宅のほうの全潰率・倒壊率は戸数を基準に出していますが、小屋のほうは母数がわからないので比率は出していません。南方三か村は、南・彦田・雲明を合わせたものです。ここから、今方・北海道・保井で全潰・倒壊率が高く、東馬草・西馬草・南方三か村で低いことがわかります。市場はその中間くらいでしょうか。

藤城信幸さんは、こうした「むらゆり」の原因は、地盤の違いによるとみています。藤城さんによれば、今方・北海道・保井は、きわめて軟弱なシルトや細砂の厚い堆積層の上に立地しているのに対して、馬草地区や南方・市場の一部では、砂礫《れき》が厚く堆積しているということです。シルトというのは、砂と粘土の中間の細かさをもつ土で、沈泥とか砂泥とかいうそうです。

「歳代覚書」は、保井村の被害について「権助居宅北の角より南の角迄、大地ゆり割れ、一番の割れ口横渡シ二間深サ五尺地獄へ大地しずみ申候、それより段々ニ幾通りもえみ割れ、藪《やぶ》の中惣て七尺程しずみ申候」と記しています。いわゆる液状化が起こっているようです。当時の人びとには、地形や耕地としての利用状況からして、ある程度の経験知はあったのではないでしょうか。

「歳代覚書」には、「とかく地震の強くゆり候筋は有之様に存候、此の度大破の所ハ前々の地震ニても破損等出来申候」とあります。こうした「ゆり筋」についての認識が、被害を検討することから経験的にできあがっていたに違いありません。それが今回あらためて確かめられ、のちの地震への教訓として受け継がれることになりました。

なお、「此の度の地震の時刻昼故、人馬牛等共にけが一向出来不申候」と、地震の発生時刻に注意を促している点も重要です。

また、津波については、「右大地震のみぎり海辺え津波上り、浜筋の者ハ不残山え逃げ申候、高松などは平常の波打より五丈程高く上り申候て、ほうべの低き所少シ宛打越申候由、おそろしき事也」という記述があります。「浜筋」では、津波のときには山へ逃げるということが言い伝えられていたようです。

田原藩の被害届でも流死は「男二人」のみでした。高松村では平常より「五丈」（約一五メートル）も高い波であったようです。このあたりは海食崖が続き、海辺は狭い砂浜で、そのうしろは高い崖になっています。この崖を「ほうべ」（浜辺）というようです。その崖の低いところを越えるほどの津波であったので、「おそろしき事」と感じたのでしょう。

「ゆり境」

「歳代覚書」でもうひとつ注目されるのは、過去の地震と比較するなかで、地震の「ゆり境」や地震の相関について考えていることです。

まず思い出されるのは、「六年以前東路大地震」です。これは、元禄一六年（一七〇三）一一月二三日に起きた元禄地震のことです。「六年以前」というのは宝永地震が起きた宝永四年（一七〇七）からではなく、「歳代覚書」が書かれた翌宝永五年から数えたものです。記憶違いでも計算違いでもありません。

この地震の被害については、「箱根より東大分破損、其の内小田原一宿ハ不残潰申候、御城共に潰し申、夫より段々及大破、すべて江戸中大破にて候」とあります。とくに小田原の惨状については、「町中家数不残潰申候、手廻りおそきものは戸障子を明け申さずして家をかむり、とやかくするうちにつぶれ家の内より出火致し不残焼失致し、人馬牛大分焼死仕候、扨《さて》又跡へ津波上りすべて打流申候、あわれと言ふもおろかなり」と、被害が重なる様子が書かれています。

なお、これに関連して、「往古慶長七年中の頃にも小田原計り大地震仕、依之《これにより》小田原地震と申伝候」とあるのは理解に苦しみます。今のところ慶長七年（一六〇二）に小田原地震があったというほかの記録はありません。小田原ばかりの地震としては、寛永一〇年（一六三三）一月二一日に起きたM7.0の小田原地震があります。このことを指しているのでしょうか。七〇年以上も前のことになると、記憶の伝承があいまいになるという類《たぐ》いでしょうか。

元禄地震に話を戻しましょう。「歳代覚書」はつぎのように続きます。

この地震をよその事の様に存居申処、此度十月四日の大地震、六年以前の小田原よりか尚まさり申候、ある人三年以前の話しに、小田原地震余所《よそ》の事にて無之候、惣て日本国中が一度には大地震仕らぬ者也、今年東国大地震ハ来年西国大地震仕るものと申儀、古書に有之候間、各々油断致さるるなと申候事、おかしく聞き候へ共、先ず其の如くに六年目に西国方ゆりつぶし申候、六年以前の地震箱根より西ハかるくゆり申候、此度の地震箱根より東ハわずかにゆり申候、此の前のゆり堺と見え申候

「歳代覚書」の作者は、六年前の元禄地震のことを「よその事」と考えていたわけです。わたしたちでもよくあることです。ところが、三年前に「ある人」が、元禄地震は「余所の事」ではないと話していたことを、今になって思い出すのです。その人は、日本中が一度に大地震に襲われることはないもので、今年東国で大地震があれば、来年は西国で大地震が起こると古い書物にも書いてある、だから油断してはいけない、と注意していたというのです。そのときには、おかしなことを言うものだ、と思ったけれども、実際そのとおりであったと納得したのです。

そこから、箱根が「ゆり境」になって、東日本の大地震と西日本の大地震が連動して起こるという〈経験知〉が、導き出されているわけです。もちろん、この〈経験知〉は素朴で不確かなものですが、他所の災害を他人事とせず、油断する気持ちを引き締めようとする姿勢は貴重だと思います。

過去の歴史と比較することは、経験を一過性に終わらせないものです。「歳代覚書」の姿勢には、

学ぶことが多いと思うのですが、いかがでしょうか。

「歳代覚書」の成り立ち

以上のように、「歳代覚書」の内容はたいへん興味深いのですが、残念ながらその原本は見つかっていません。今、「歳代覚書　初壱」と表題された資料は、安永二年（一七七三）六月に野田南村の鵜飼金五郎という人物が写したものと思われます。ただし、これも原本は見当たらなくて、コピーしかありません。鵜飼金五郎は野田村で米穀商を営み、山林を所有して材木も扱っていたようです。寛保元年（一七四一）生まれなので、このとき三三歳でした。

「歳代覚書　初壱」は村の年代記です。「田原御城開基文明歳中ニ築之申事見ル」という記事にはじまり、田原城主の代々から野田村の由緒へと続きます。そのあとは、「承応三年大旱《だいかん》之覚」「寛文二年大明神山を大福寺へ預け申事」などと、項目を立てて村の出来事が記されています。そして最後が、ここで紹介している「大地震之事」です。

「歳代覚書　初壱」の作者は誰かわかりませんが、たぶん金五郎の先祖でしょう。彼は、村の古老から村に関わる記憶を聞き出し、文書やみずからの体験を交えて、村の年代記をつくったのでしょう。

「歳代覚書　初壱」を書き写した金五郎は、その後の時期の年代記もつくったようです。それも同じように田原城開基にはじまり、終わりは安永六年までの出来事を記したもので、やはり「歳代覚書」といったようです。「ようです」というのは、この原本も失われていて、郷土史家の鬮目作司さんが写されたものしか残っていないからです。

この「歳代覚書」の末尾には金五郎のあとがきがあって、そこには「宝永五年迄覚書有之、宝永酉弐年より末ハ一年切別帳ニ印改、留貫帳《とめぬきちよう》委細書付置候也」と書かれていたようです。これによれば、新しく年代記をつくるにあたって、金五郎は、宝永二年以降は別帳をつくってみずから記したが、宝永五年まではすでに誰かが書いていた「覚書」をそのまま写しており、それが「歳代覚書　初壱」にあたると考えられるでしょう。

宝永四年の「大地震之事」は、この「歳代覚書　初壱」に含まれていますから、宝永五年頃につくられた思われる「覚書」の記事と考えられます。さらに想像をたくましくすれば、この「覚書」自体が、前年に起きた宝永地震と富士山噴火を契機につくられたのかもしれません。いずれにしても、「歳代覚書　初壱」の記事は、宝永四年からそう遠くない時期に、生々しい体験を誰か、たぶん金五郎の先祖が記録したものと考えてよいでしょう。

一七世紀の末から一八世紀にかけて、列島の各地で村の年代記がつくられるようになります。

村の記憶を後世に伝えようとする意識が生まれるわけですが、その契機になるのが災害体験であったことは、『徳川社会のゆらぎ』などでもたびたび指摘してきました。そうしたことは「歳代覚書　初壱」でも確認できるのです。

加えて「歳代覚書　初壱」には、単に地震の恐怖や被害を感覚的に記すのではなく、その現象を「観察」し「分析」しようとする姿勢が顕著です。江戸時代の村人たちが、そうした自覚的な意識をもって村の記憶に向き合っている、そのことがたいへん貴重なことだと思います。残された記録は、のちの人に受け継がれ、教訓として伝えられることになるのです。

おわりに

宝永地震から四九日後にあたる一一月二三日、富士山が噴火します。「歳代覚書　初壱」はその様子を「十一月二十三日朝より何とも知れずドロ〱と鳴り出し、野田村にて聞けば、大久保か田原ニて鳴る様に存候処、駿河富士山と足高山ノ間ニスバシリと言ふ所の山に火穴あき、夫より火燃吹き上げ申事、富士山より三倍位高く見へ申候、野田村よりも夜は火見へ申候、昼は煙はかり見へ申候」と記しています。これも生々しい記述です。江戸をはじめとした降灰の被害は、三河地方にも伝わったことでしょう。

被災地を救済するために、幕府は全国の幕府領と私領とを問わず、すべての村から高一〇〇石につき金二両を取り立てるよう命じます。これを「諸国高役金」といいます。ただし、村々から取り立てるのには時間がかかるので、大名領では当座領主が立て替えて三か月以内に納入するよう指示されました。

「歳代覚書　初壱」はこの諸国高役金について、「御公儀より此のつぶれ候国御救として、日本国中高割金と御名付候て、本高百石当り金二両宛御取立遊ばされ、翌年子の正月仰付られ、二月晦日切に村々より差上げ申候」と、正確に書き留めています。

野田村では期限どおりに負担金を上納しています。筆者には、他人事ではないという意識があったに違いありません。高役金は、全国から四八万八七七〇両と銀一貫八七〇匁が集まります。噴火と被害の凄まじさが、諸国にも知れ渡っていたに違いありません。

災害が頻発するなかで、幕府も、藩の武士たちも、そして村の指導者たちも、それぞれの役割を果たさなければならないと自覚するようになります。そうした気持ちから、それぞれが災害についての詳しい記録をつくるようになりました。そして、その気持ちは、のちの人びとにたしかに受け継がれました。そのことに学びたいと思います。

第七講

「身の丈」の歴史学——生活史と資料

はじめに

わたし自身の問題関心の変化について、はじめに話させていただきたいと思います。

わたしは一九九四年（平成六）に「自然と人間　からだとこころ」という論文を書きました。それまでわたしは、江戸時代の民衆の主体性・能動性とはどういうものだろうかということを考えていました。そして当時は、民衆の人間観を「自然」と「身体」を切り口に考えられないかと模索していました。その際、飢饉なども意識していましたが、どちらかといえば、わたしの関心は「自然の脅威」よりは「自然の恵み」のほうに偏っていました。

他方、同じころ、わたしは吉田晶さんを中心に進められていた岡山県赤磐《あかいわ》郡吉井町（現赤磐市）の町史編纂にも関わっていました。吉井町史では、地域史を生活史として描くということがテーマになっていました。

ところが、翌年の一九九五年一月一七日に阪神・淡路大震災が起きます。それはわたしにとって、いろいろな意味で衝撃でした。しかも、それから日本列島の各地で大地震が続くようになります。ひとは災害とどのように付き合ってきたのだろうかという問いが、「生きること」を問う歴史学は可能だろうかという思いに広がっていきました。

大震災は、歴史家と資料の関わりをあらためて問う機会にもなりました。阪神・淡路大震災では、多くの文化財や古文書が被災しましたが、直後から在住の歴史家を中心に、被災資料の救出が行われました。この活動には、関西を中心に多くの人が参加し、全国から多額の募金も寄せられました。

その後も災害のたびに資料救出の活動が展開され、各地にその活動を担う「史料ネット」が組織されました。こうした活動については、神戸大学の奥村弘さんが編集された『歴史文化を大災害から守る』という本も出ていますので、ご参照ください。

そうこうしているうちに、二〇一一年三月一一日の東日本大震災を迎えます。そこでは、それまで一〇数年間の日本人の経験が、大規模なかたちで試されました。そこから未来へ、わたしたちはどう進むべきでしょうか。多くの問いが投げかけられたままになっています。

しかし、わたしにできることはささやかなものです。ここでは、最初に地域史と資料の関わりについて、わたしが最近考えていることを述べ、つぎに生活史における資料について話させていただきたいと思います。そして最後にちょっとした事例紹介を付け加えたいと思います。

地域と資料

「身の丈」ということ

また回りくどいことになりますが、「『身の丈』の歴史学」という題について、はじめに少し説明させてください。

この本の題は「『生きること』の歴史学」です。その「生きること」と「身の丈」ということは、深くつながっているのではないか。わたし自身、二〇一一年の三月一一日以降、歴史学はどうあるべきかということをいろいろと考えあぐねているわけであります。そうしたもやもやが、これらの言葉に出ています。

大震災後の科学のあり方を真摯《しんし》に考えておられる池内了さんの『科学の限界』という本を、最近読みました。二〇一二年の一一月に出た本です。池内さんは奇しくもそのなかで、「等身大の科学」ということを言っておられて、共感するところがたくさんありました。

池内さんによると、近代科学というものは、さまざまな現象の裏にある因果関係を探っていくものとして発展してきた。その因果関係を探るにあたっては、現象をいくつかの要素に分解していって、その要素相互の関係を検討していく。そうすると、つぎの段階の要素がそれぞれのなかに現れてくるので、そこでまた相互関係を探る。そいうかたちでつぎつぎと、いわば要素還元主義的に因果関係を探っていく。こういう学問として発展してきたということです。

そうすると、科学はどんどん細かくなっていくわけですが、それを証明するためには、逆に非常に巨大な実験装置や施設が要るようになったり、人びとの感覚からは非常に離れたものになったりしているのではないか。じつは、そういうかたちで展開してきた科学のあり方というものが、今行き詰まっているのではないか、というのが池内さんの感触です。

他方、本当に身の周りで人びとが必要としている科学というものは、人間の身体に関わるものであったり、環境に関わるものであったり、そういうものは要素還元主義的には考えきれない、複雑な関連性のなかに存在している。いわゆる「複雑系の科学」といわれるものですね。

そこでは、巨大な実験装置を使ってするような科学とは違った方法というか、アプローチの仕方が必要だ。現代の科学というものは、人びとの感覚からどんどん遠いものになってきていて、一般の人びとの感覚とはどんどん離れてきている。しかし、これからの科学は、人びとが身の周りで感じられるような科学でなければいけないのではないか。そして、「複雑系の科学」というものは、かつての博物学のように、複雑な現象というものをまず記録していくというかたちのところから、もう一度再構築していかなければならないのではないか。宇宙物理学者の池内さんが、そういうことを書いておられます。

池内さんの話は、たいへん納得できるものです。今、三・一一以降考えたいと思っていることは、そういうことだなとわたしも思いました。

資料の救出から予防活動へ

災害が起きたときには、何よりも資料の救出が行われなければなりません。これまでは、そうした災害が起きてからの活動が多かったのですが、これほど災害が頻発するようになりますと、事前にどれだけ準備できているかということが、災害時の応急対応を左右することになります。

最近の「史料ネット」の活動は、災害時の緊急の資料救出活動から、事前の予防的な活動に展開しているということですが、それはこの活動の流れとしては当然のことだと思います。そして、予防的な活動が重要ということになりますと、必然的に、日常的にわたしたち自身が資料とどのように付き合っているのか、どのように資料と向き合っていかなければいけないか、ということを考えざるをえないのであります。

そうすると、一つひとつの資料あるいは資料群について、資料と「人」と「場」との関わり方をどのように考えていったらいいのかが、あらためて課題になってくるのだと思います。

わたしたちもいろいろなかたちで資料と付き合っているわけですが、資料との付き合い方は多様であって、ひとつではないと思います。歴史を勉強したり、何かひとつの歴史についての考え方をつくっていったりしようとする場合に、そのやり方は多様であってよいと思います。

たとえば、最初にテーマがあって、そのテーマに合わせてあちこちから資料を集めてきてひとつの歴史像をつくっていくことは、よくやられていることでありますし、資料整理をしているうちにテーマが浮かび上がってきて、それがひとつの歴史像につながってゆくこともあります。それから、そのひとつの資料を見ただけでは歴史像を描けないような資料が、何か物事を考えているときにジグソーパズルの一つのピースのようにスッとそのなかに落ち着いてきて、ある歴史像がみえてくることもあると思います。歴史を研究する側からするならば、そうしたことはいろいろなかたちで経験をしているわけです。

他方、資料を実際にもっておられる、もしくは資料と関係しておられる当事者にとってみれば、それがまとまった資料群であっても、または一通の手紙であっても、そのもの自体が過去と自分とのつながりを考える、かけがえのないものであるはずです。当事者であれば、ひとつの資料から無限の「物語」を紡ぐことができると思います。そこには「人」と「場」だけがあって、言ってみればテーマはないというか、あとから付いてくるものであろうかと思います。

二〇一一年の三月一一日以降、多くの人びとが戸惑いながら、いろいろなことを考えています。映像などを見ていますと、何もないところから必死で家族の写真を探しておられる遺族の方々の姿が報じられていました。その姿と重なるようなかたちで地域の歴史を掘り起こすことを考えなければいけないのだということを、つくづく思うわけです。

そのためには、一つひとつの資料や資料群と、「人」や「場」とのつながりを意識する。そのことが、歴史というものを人びとの身近なものにする。つまり先ほど池内さんが、「科学を身近なものにしていく」と言われたこととつながっているのではないかと思っているわけです。

自治体史との関わり

わたしが岡山に住むようになって三五年ほどになりますが、これまでに岡山県のなかでは、岡山県史、倉敷市史、吉井町史、牛窓町史、早島町史、哲多《てった》町史という自治体史と関わってきました。わたしの狭い経験で申しますと、県史とか市史のレベルですと、なかなか地域全体を体感することが、正直いって困難でありました。そうすると勢い、どうしてもテーマが先に立ってしまうように思います。

地域を体感するという意味では、わたしなどには町史のレベルが「身の丈」に合っていたと思っております。そこでは、資料が先にあって、その一つひとつが地域に結びついている、それから地域をみているという感じでした。

自治体史のつくり方というものは、いろいろな意味で客観的に規定をされているわけです。もちろん空間的に規定をされているということもありますし、人間の忍耐力といいますか持久力といいますか、そういうものは、ひとつの自治体史を一〇年とか一五年とか続ければ、もうそれで限界です。自治体の財政からいってもたぶん、それくらいが限度でしょう。

そうすると、その間にできること、どれくらいの時間とどれくらいの人数とで物事を進めていくかということでいえば、おのずとひとつのあり方というものが出てくるように思います。だいたいこういうものをつくっていくときに、つくっていく者同士がどれだけ意識を同じレベルで共有できるかということが鍵だと、わたしなどは狭い経験で思っております。そういう点でも、わたしには町史レベルが、「身の丈」に合っていたと思います。

わたし自身にとっては、そういう自治体史は、吉井町史と哲多町史でありました。その両方の町史では、同じように旧村単位で文書の悉皆《しっかい》調査を行いました。

余談になりますが、明治以降の日本の地方「自治」体は、何度か合併を行っています。その意味を明らかにすることは、日本の近代社会を理解するうえで必須の作業だと思います。その合併史をちょっと振り返っただけでも、「平成の大合併」がいかに異常なものであったかわかります。

それはさておき、岡山県下の自治体は、明治二一年（一八八八）の市制・町村制にもとづいて旧村ができ、それがそのまま戦後まで続いて、昭和二八年（一九五三）の町村合併促進法によって新町となった、こういうパターンが多いように思います。

それで、吉井町は旧村が五つありまして、哲多町は三つありました。旧村をだいたい一年で文書の悉皆調査をやるというかたちでやってきました。もちろんそれでは終わりませんから、何年か補充調査をします。それから、調査でわかった資料を毎月の町の広報紙で紹介したり、一年に一回は調査の報告会をしたり、哲多町では毎年一回ずつ資料の展示会も行ってきました。

江戸時代の村の単位でいいますと、いわゆる庄屋文書というものが散逸してしまっている村も少なくないわけですが、だいたい旧村単位くらいで調査しますと、そのなかに一か村くらいは江戸時代の村の庄屋文書が残っているところがあります。うまくいくと大庄屋としての文書も見つかることがあります。旧村の役場文書が残っている場合もかなりあります。たぶん旧村は、地域のイメージを描いていくうえでは有効な単位であったと思っています。

「大字」と「地区」

ただ、実際にその町で生活している人のアイデンティティは、そのレベルよりはもうひとつ下の、今いいました江戸時代の村という、いわゆる「大字」単位くらいでアイデンティティは形成されているわけです。そうすると、どうしてもその単位で、何か人びとに関わるものを見つけないといけないということで、悉皆調査を行います。

庄屋文書が見つかると、もうこれで町史はできそうだという感じになるわけですが、どこの村もまんべんなくそれなりに書こうとすると、それだけでは足りませんから、何とか資料を探そうとします。そうすると、たとえば明治以降のいろいろな団体の文書であったり、それから個人の日記などの私的な文書であったり、そういうものにまで広げて拾い上げていこうということになりますので、そこに生活している人たちの近くにまで、また寄っていくことになります。

こういう、「大字」という江戸時代の村を単位として町史をつくろうとしたのは、岡山では代表的なものとして、建部《たけべ》町史と熊山町史があります。建部町史は「地区誌」編、熊山町史は「大字史」編といっております。建部町史の「地区」は旧村です。それから「大字」が江戸時代の村です。それらを階層的に叙述するやり方をしています。『有漢《うかん》町史』『邑久《おく》町史』も「地区誌」としています。ただこの場合ですと、先ほどもいいましたように、「地区」つまり旧村単位が中心になってしまって、個々の「大字」の記述がなおざりになるということがあります。それに対して熊山町史は、「地区」という概念は曖昧だから「大字」でいきましょうということで、大字をすべて並列にして、大字を歴史として書く「大字史」がつくられました。

熊山町には二一の江戸時代の村があって、村ごとに第一節が歴史地理、第二節が文化財、第三節が字名表と大字地積図、という統一的な規格ですべての村を取り上げて、「大字史」がつくられました。ただ内容をみますと、「大字史」でなくてはいけない、歴史でなければいけないということを謳《うた》っているわけですが、歴史としてはやや「帯に短し」の感がいたします。

豊富なのは石造物が網羅されていまして、いわゆる民俗編でよく出てくるようなものでありますが、どうしてもこのようなかたちになっていきますと、明治以降の時代とか私的な世界への広がりは乏しくなります。そういう意味でいえば、「誌」と「史」をどのように重ねていくかということが大事だと思うわけです。なお、「誌」の意味については、第八講としました『生きること』の歴史学・その後」で少し書いています。

ただ、ここで取り上げた吉井町も哲多町も建部町も熊山町も、今はもうありません。平成の大合併により全部なくなって、現在は存在しておりませんので、じつはこの町史自体がいまや非常に大きな宝物になっている状況です。

災害と地域

たぶん、これから「身の丈」に合った社会をつくっていく場合には、わたしたち自身が家族や「家」を超えた共同団体とどのように関わって、そしてその共同団体自身が自立的に活動できるのかということが、鍵になるように思います。

そのためには、その地域の身の周りにあるものと、その地域に生活する人びとが、どういう結びつきをもっていくことができるのか。その結びつきをもてるように、歴史の仕事がつなぐ役割をできるのか、ということが問われているのだろうと思っています。

ただ、その拠り所となる資料が、根こそぎ津波によってなくなってしまうという場合もあるかと思いますが、それでもたぶん、わたしたちのやるべきことはあるように思います。

最近、『環境の日本史』という本の第四巻で、「津波の記憶」という文章を書きました。そこでは、江戸時代の記憶のあり方の問題、それから記憶に関わる供養碑のつくられ方の問題、また災害時における寺院の役割の問題といったことなどを書いてみたわけです。「記憶・記念物・拠点」という視点から、災害と社会の関わりについて考えてみたということです。それを現在に引き継ぐとしたら、どんなことが考えられるのか、できるだけ簡潔にまとめてみたいと思います。

記憶

一つめは、「記憶」ということです。これは、人びとと地域の記憶を結びつけるものは、いわゆる文書になっているような記録から口頭による伝承まで、あらゆる有形・無形のものがなりうると思います。そのことは、あとで生活史に即して述べます。たぶんそのなかには、いろいろな吟味を必要とするものもあると思いますが、そうした吟味をしながら人びとにそれを手渡していく工夫をする。それが歴史を勉強している者の仕事だと思っています。

もちろん、それとは別に、震災の記憶自体をアーカイブ化することは非常に大事なことですし、急がなければいけないことです。その点ではたぶん、各地の「史料ネット」の活動も重要ですし、各地にある文書館や記録資料館のような施設、それからとりわけ大学が大きな役割を果たすべきだと思います。その点で神戸大学や東北大学の人たちも含めて、いろいろな経験が蓄積されていることだと思います。

これまでの経験については、先に紹介した奥村さんが編集された本が参考になります。そうしたものに学びながら、資料を人びとに近づけていく努力を、わたしたちがしなければいけないと思っております。最初に言いましたように、それが最大の予防ネットだと思います。

記念物

二つめは、「記念物」です。目に見えるものは非常に大事だと思います。岡山理科大学『岡山学』研究会が、『岡山の「災害」を科学する』という本を出されていて、そのなかで民俗学の立石憲利さんが「伝承にみる水害」という文章を書いておられます。立石さんはそこで、岡山の各地にある洪水に関わる石造物を紹介して話をされています。

立石さんは、本当に沢山の石造物をご覧になってデータももっておられると思いますが、そういうものから、いろいろな物語を紡いでいくことが可能だと思います。

先ほどの環境史に書いた文章のなかでもふれていますが、徳島県海部《かいふ》郡に海陽町というところがあります。徳島県でもいちばん土佐・高知県に近いところです。その町に浅川という浦があり、そこに宝永津波の供養をしたお地蔵さんがあります。それは、浅川観音堂という小高いところのお堂の中にあります。それから、浜に近い浅川天神社という神社には、安政津波の碑があります。それらはそれで非常に貴重なものなのですが、その横に両方とも、平成になってから地元の人たちが、その碑の内容を再刻した碑を立てているのですね。

お地蔵さんの碑の文字も、安政の碑の文字も、判読することがむずかしくなっているので、最近になってからその地域の人たちが、その碑の内容を新しく、もういっぺん碑に刻んでその横に立てていました。教育委員会が案内板を建てるだけではなくて、地元の人自身が碑をつくることによって、自分たちで記憶を更新しているわけです。

二〇一三年三月一日付けの朝日新聞に、東日本大震災で被害を受けた女川《おながわ》の中学校の生徒さんが、津波の到達碑を二一つくる運動を引き継いで、ズッとやっていくのだと書いておられました。そういういろいろなかたちで、これから碑をつくっていくという運動自身は、先ほどいった地域が立ち上がっていく運動になるのではないかと感じました。

拠点

三つめに、「拠点」ということです。江戸時代ではお寺がいろいろな意味で「拠点」の役割を果たしていたと思いますが、現在では学校が重要ではないかと、わたし自身は最近思っています。

学校というのはいい思い出ばかりではなくて、「もう二度と学校の近くに寄りたくない」という体験をもった人もおられるかもしれません。それでも多くの人にとってみれば、地域というものと自分という存在をつないでいく場所に、学校というものはなっているのだろうと思います。

今、学校はどんどん統廃合されていますが、それでも建物が残っている場合もありますし、いろいろなかたちで再利用されている場合もあります。建物がなくなってしまったとしても、敷地だけは残っていたり、校門だけは残っていたり、桜の木だけは残っていたりするものです。

もちろん今ある学校が、いろいろな意味で地域の拠点になっていくということは必要です。学校を拠点に、地域の歴史を伝えていく取り組みが、兵庫県ではかなり進んでいるようです。最近、「史料ネット」のニュースで知りました。そこから出発して結構だと思いますが、なくなってしまった学校に関わる記憶というものも、そこから広げられないでしょうか。

先ほどの女川の中学校の記事を見ていても、長い目でみると子どもたちが地域というものをこれからつくっていくわけです。そこにいる教員の皆さんは非常に大変ではありますが、子どもたちにそのことを伝えていく。それには地域にいる卒業生たちも力を貸してくれるはずですし、地域から離れてしまった人も参加できると思います。昔の写真を一枚提供することでも、とても大事なことです。

学校の記憶をテコに、地域とのつながりを回復したり、地域の記憶を掘り起こすことができないか、ということです。

生活史と資料

吉井町のこと

さて、今回の講義のテーマは、地域と資料の関わりをどう考えるかということです。わたしの経験はたいへん限られたものですが、以下、吉井町史の編纂に携わったときに考えていたことを話させていただきたいと思います。

また、吉井町史の編纂は、一九八三年度から九四年度まで行われました。もう二〇年以上も前のことです。現在ではそぐわないことも多いかとおそれますが、考え方は今も使えるものではないかとも思っています。

岡山県赤磐《あかいわ》郡吉井町は、昭和二九年（一九五四）に周匝《すさい》村・山方《やまがた》村・佐伯《さえき》北村が合併して発足し、昭和三一年に仁堀《にぼり》村・布都美《ふつみ》村の一部が加わりました。五つの旧村の下には三〇の江戸時代の村がありました。現在は平成の大合併で、赤磐市になっています。江戸時代には、備前国北部の赤坂郡・磐梨《いわなし》郡の一部で、岡山藩領。美作《みまさか》国と境を接していました。

平成五年（一九九三）の人口は六二六七人、うち二七％が六五歳以上の高齢者でした。就業人口からみた産業比率は、およそ農林業二四％、製造業四〇％、サービス業三六％。町の中心は吉井川沿いの周匝で、江戸時代ここには岡山藩家老池田氏の陣屋がおかれており、岡山と美作倉敷（現美作市林野）を結ぶ街道と吉井川の水運が交わる在町《ざいまち》として、栄えていました。

『吉井町史』は、通史編一冊、資料編二冊（上巻＝考古・古代・中世・近世、下巻＝近現代）の計三冊です。編纂委員会は、委員長の吉田晶さんをはじめ八人、ほかに専門委員一人、事務局長一人という構成でした。

なぜ生活史か

『吉井町史』では、「生活史」を目標にしました。通史編の目次を見ていただいても、各章のタイトルに、「生活」とか「暮らし」とかいう言葉が並ぶようになっています。もちろん、タイトルに掲げられているからといって、内容がその通りだという保証はないわけですが、こころざしはそうだということです。このこころざしは、編纂委員に共有されていました。

では、なぜ「生活史」なのか。そもそも生活史というものは、昔の人たちはどんなくらしをしていたのか知りたいという素朴な要求です。町民が町史に対して、自分たちの先祖のくらしぶりを知りたいというのは、当然の要求です。にもかかわらず、ことさら「生活史」と掲げたのは、そういう素朴な要求に応えることが、じつは非常にむずかしいことだからです。あえて掲げることによって、わたしたちの課題として、意識的に取り組もうとしたのです。

そのようにわたしたちが考えるには、つぎにあげる三つのような事情がありました。

民衆史の深まり

一つは、歴史学の内部の事情です。大雑把にいって古い歴史学というものは、支配者中心の歴史、言いかえれば、政治家や学者や芸術家たち、つまりえらい人たちを中心とした歴史でした。

しかし時代が進むと、しだいに一般の人たち、普通の人たちに関心が向くようになってきます。とりわけ国民が国の主人公であるという現在の憲法の時代になると、歴史は民衆がつくるものだということが強調されるようになり、民衆史ということがいわれるようになります。

しかし、江戸時代の民衆というものは、もっといえば戦前の時代を含めて、かつての民衆というものは、支配される側、つまり被支配者でありましたから、民衆の歴史ということになると、民衆はどのように支配されていたのか、また、どのように収奪されていたのかということになります。さらには、そうした支配や収奪に対して、どのように抵抗したのか、そしてそれをどのように変革したのか、ということになります。つまり、支配と抵抗という枠組みで、民衆史というものが描かれたわけです。もちろんこの支配と抵抗という枠組みは、無視できないものです。しかし、民衆の全体をとらえるためには、あまりに狭すぎるのではないか、民衆の現実というものはもっと複雑なものではないか。たとえば、人びとを支配する者と抵抗する者というように、単純に二分することはできないのではないか。そのあいだには、どっちつかずの中間的な者たちがウヨウヨいただろうし、支配する側もされる側も、さまざまな分裂を抱えていたはずだ。そういうことがいわれるようになります。

それから、支配と抵抗といっても、それは暴力的で直接的な、いわば裸の関係ではなくて、その周りには、さまざまな慣習や人間関係、意識、心理といったものがまとわりついています。また、民衆にとっては、政治よりも慣習のようなもののほうが、現実には大きな意味をもっていたりします。いわば、現実のドロドロした人間関係のなかで民衆をとらえること、そうした意味での民衆の日常性に注目する必要があるといわれるようになり、そこから民衆の日常生活に関心が集まるようになります。

以上のことは、いわば歴史学の内在的な展開のなかで、つまり民衆史の深まりのなかで、生活史というものが求められるようになってきた事情です。

現代社会の変化

もう一つは、歴史学の外部の事情です。つまり、現代社会の変化にともなう人びとの関心の変化ということであります。

日本は、戦後復興ののち一九六〇年代に入って、いわゆる経済の高度成長期を迎えます。この高度経済成長は、人びとの在来の生活様式をガラッと変えてしまいます。それ自身はまさに生活史のテーマなのですが、それはさておき、生活様式が大きく変わります。

この高度成長は一九七〇年代の中頃にひとまず終わり、いわゆる低成長の時代になるわけですが、そのようななかで、高度成長がもたらした矛盾が問題となってきます。たとえば、利潤第一主義が自然や環境を大きく破壊したこと、競争主義が人びとの人格を破壊しさまざまな差別をつくり出したこと、会社至上主義によって人権が侵害され過労死が社会問題化したこと、過疎・過密問題など、たくさんの矛盾が、わたしたちの目にみえるようになってきました。

わたしたちは、高度成長期のような「経済発展」を至上目的とした社会のあり方に疑問をもつようになり、同時にわたしたちの生活が変わったことに、あらためて気づいたのでした。

それにともなって、真の豊かさとは何か、真の人間らしさとは何かといったことが、しきりに問われるようになりました。それは言いかえれば、わたしたちのライフスタイル（生活様式）というものが、このままでよいのだろうかということです。そうしたなかで、多分に郷愁をともないながら、人びとがこれまで営々と築き上げ、培ってきたものに目が向けられるようになり、在来の生活様式というものが見直されるようになってきたわけです。

民俗の変化をとらえる

このような事情から、民衆の日常生活に関心がもたれるようになってきたわけですが、もともとこうした分野は、いわゆる民俗学によって取り組まれてきたものでした。ですから、自治体史を編纂するときにも、通史編や資料編とは別に民俗編をつくるということが、しばしば行われています。そうした場合は、通史編は政治・経済・文化、民俗編は生活、といった棲《す》み分けが行われたりします。宗教についても、寺院や神社については通史編、俗信仰や祭礼は民俗編といった振り分けが行われます。わたしたちは、こうしたやり方は望ましくないと考えました。

日本の民俗学は、戦前に柳田国男によって唱えられました。明治の終わりから大正の初めにかけて、欧米化というか、都市化というか、そうしたものが進んできて、人びとが古くから伝えてきたものがどんどん失われていく。そのことに柳田は危機感をもったわけです。

そこで柳田は、人びとが変わらずに伝えてきたもの、それを民俗と呼ぶわけですが、その民俗を記録しようとします。そして、柳田や柳田に共鳴した全国の民間の学者たちによって、民間の習俗、芸能、技能、道具、体験、伝承といったものが掘り起こされていきます。その成果はたいへん膨大なものですし、たいへん貴重なものです。

しかし、もともと歴史学と民俗学とでは、学問の方法とか目的とか、そういうものが違っています。歴史学では、どちらといえば変化に注目するのに対して、民俗学はどちらかといえば変化しないもの、基層文化といったりしますが、そういう変わらないものに注目するわけです。人びとの生活は、なぜ、どのように変わったのか。そうしたことは、生活を政治・経済・文化と関連づけて考えなければ、わからないことではないでしょうか。民俗学の成果に学びながらも、独自に資料を集め、解釈し、それぞれの時代の社会のなかで、それを理解するしかないのではないだろうか。そこでわたしたちは、民俗編を別に立てるのではなくて、通史編のなかで民俗の問題を扱おう、民俗の問題を政治や経済や文化の問題と関連づけて扱おうと考えたわけです。

生活史の構想

生活というと、わたしたちは「衣食住」ということを考えます。だからといって、通史編のなかに「衣食住」という項目を立てればよいというものではありません。江戸時代の庶民の「衣食住」を考えた場合、贅沢《ぜいたく》の禁止など領主の具体的な規制が働いていましたし、厳しい年貢収奪のもとで経済的な余裕も限られたものでした。

生活を改善するための知識にどのようにアクセスするか、身分や階層によって大きな違いがありました。ただし、そうしたことを政治・経済・文化と関連づけて叙述することは、それほど簡単ではありません。

政治・経済・文化と生活史とを、行きつ戻りつしながら、当時の人びとの生活のイメージをふくらませていくためには、全体史につながるような生活史の枠組みを考えなければならないように思います。そうしたことを『吉井町史』の江戸時代の記述ではどう考えたか、以下話させていただきたいと思います。

A生活が営まれる場

まずはじめに、生活が営まれる場というものをはっきりさせておく必要があると、わたしたちは考えました。江戸時代では、その場を「家」―「村」―「地域」という三つのレベルでとらえています。

a「地域」

これをどうとらえるか、なかなか厄介です。わたしたちは、その基底となるものは、日常的生活圏だと考えています。日常的生活圏というのは、日常的に生活上の交流が行われている範囲ということです。

『町史』では、これをまず婚姻圏を例として考えました。いくつかの村の婚姻圏は、だいたい一〇キロから一二キロの範囲で収まります。つまり、徒歩で日帰りできる範囲です。これが日常的生活圏であって、このなかで生活が営まれている。たとえば、日常的な生活物資、塩とか油・酒・酢、付木《つけぎ》・灯心、下駄、そういった自給できない生活必需品ですが、それを購入するのがこの日常的生活圏であって、このなかに在町があります。

在町というのは、領主によって町立てが許された村で、居商売が許されています。定期的に牛馬市が立ちますし、藩札を両替する札場が許されていました。いわば農村地帯のなかの商業地であって、それが日常的生活圏のなかに一つはあるわけです。このあたりですと、先にいいました周匝がそういう在町でしたし、河川や主要な街道に沿って日帰りできる範囲に、そういう在町が点々と存在していました。

それから、大庄屋が管轄する行政範囲、「組」とか「構《かまえ》」とかいいますが、これも日常的生活圏とほぼ重なっています。このなかの村々を二日間ほどで廻状が回されますし、領主から掛けられるさまざまな「役」に対しても、この範囲の村々で共同で対処します。文化的にみましても、俳諧を楽しむ人びとが寄り合う範囲が、この日常的生活圏であって、神社の奉納額などを調べてみると、そのことがわかります。

この日常的生活圏は、このなかでさまざまな活動が営まれていて、じつに濃密な空間です。この空間は、より広い空間、ここでは岡山の城下町を中心とした交流圏、または津山を中心とした交流圏、江戸時代では領主政治の関係で岡山との関係が強いわけですが、そうしたより広い交流圏とリンクし、重層しています。

この大きいほうの交流圏は、名主や在町商人などが活動する場であって、ハレの買い物、呉服とか魚とか菓子とか、特別な日のための贅沢品を買う場ですし、俳諧集団でいえば、宗匠が住んでいるところです。一般の庶民には、日常的に親しい場ではありませんが、生活が成り立つためには欠かせない場ではありました。

b 「村」

つぎに「村」です。「村」というものは、よく知られているように、基本的には領主による支配と徴税のために設定された単位です。他方、民衆にとっての生産と生活の単位である共同体としての性格ももっていました。

こうした「村」の二面性は、一般に「村方三役」と呼ばれた「村役人」のあり方にも影響しています。岡山藩では、元禄時代から名主・五人組頭・判頭《はんがしら》という三役になりますが、このうち名主と五人組頭は、就任に際して領主に誓詞を出すことが義務づけられていましたし、役職給として税の一部が免除されていました。

藩から「村役人」と呼ばれたのは名主と五人組頭だけで、彼らには行政責任が負わされていました。とくに名主の役割は重要で、村人から「不帰依」（命令に対する不服従）を申し立てられないように、領主から「入札」（投票）で選ぶよう指示されることもあります。

これに対して、判頭は誓詞も出しませんし、税の免除もありません。どちらかと言えば「村」の「惣百姓」の側に属していて、一般の百姓の代表という位置にありました。判頭の役割は、名主の「村」運営に対して、百姓を代表して監視するという点にあったわけです。

また、ひとくちに「村」といっても、その構造はまちまちで、重層的になっていました。左図に黒本村の場合を例として示しましたが、藩によって正式に「村」として認められていたのは、いちばん左の黒本村です。岡山藩が将軍から領知宛行状《あてがい》を与えられるときに、その領知の「村」として目録にあげられるのが、このレベルの「村」です。

しかし、実際に日常的に行政単位として機能していたのは、二番目のレベルの「村」で、

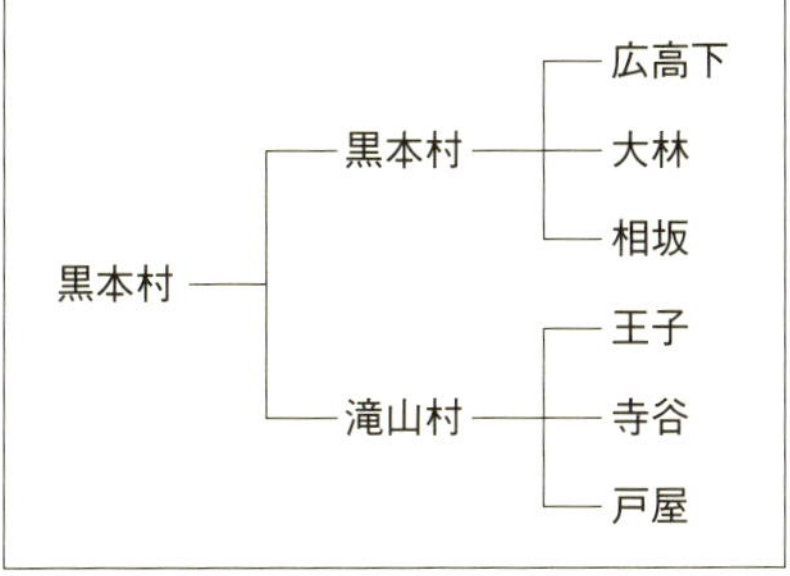

黒本村の構造

これは黒本村と滝山村に分かれていました。このレベルの「村」に名主がおかれていて、村高もそれぞれに分けられています。それぞれに免状が発給され、年貢もそれぞれで納められていました。もちろん、このレベルの実質的な「村」と、その上の正式な「村」とが一致している「村」もあります。そういうケースのほうが多いのですが、黒本村の場合はこのように分かれていました。

この「村」の下に、広高下《ひろこうげ》とか戸屋《とや》とかいった「枝村」があります。これは、景観的にといいますか地理的にといいますか、ひとつのまとまった集落です。屋敷と耕地のまとまりとしてあるもので、この「枝村」が水利などの生産条件を同一にする単位です。

用水や入会山などをめぐる紛争も、この「枝村」を単位として争われます。つまり、この「枝村」が、実際の生産や生活のための共同体にあたるもので、この「枝村」を単位として判頭がおかれています。

このような「村」の重層性のなかにも、行政単位であるとともに共同体でもあるという、「村」の二面性が現れているわけです。

c　「家」

三つめの場は「家」ですが、この「家」も、領主や共同体によってとらえられた「家」と、実際の家族や世帯とが一致するとは限りません。行政的な「家」は、「家株」として固定されていますから、実際は分家していても、つまり経営や生計が独立していても、領主や「村」からは独立した「家」とは認められず、行政的には本家の「家」に包摂されたままである場合があるからです。

岡山藩では、こうしたものを「内分別家」と呼んでいます。ただし、時代が進むにしたがって、この行政的な「家」と実際の家族・世帯とが、一致する傾向にありました。

江戸時代の「家」は、いわゆる直系の単婚小家族が基本でした。つまり、ひと組の夫婦を中心にその親と子どもという、今でいえば三世代同居家族ですが、そういう直系家族か、夫婦と子どもだけからなる核家族か、そうした家族が主流でした。

江戸時代の前期には、傍系家族を含む複合家族も「村」のなかに一定数ありましたが、中期以降になると、目立たなくなります。逆に、ひとり親の家族や単身家族が目につくようになります。核家族は突然の不幸に襲われると、すぐにこうした不安定な家族形態に陥ります。

江戸時代後期の「村」には、こうした不安定な家族が恒常的に存在しました。

それから、生活の場として「家」を考える場合には、本家分家関係とか婚姻関係とか、そういったもので結ばれた親族ネットワークに注目する必要があります。

子どもの出産や生育には、この親族が関わりますし、岡山藩では、独身者に対して死後に「家」を譲る先を生前に届け出ておく「内存書」という制度がありましたが、この譲り先はほとんどが村内の甥や従弟など親族です。つまり「家」の存続は、この親族ネットワークによって保障されているわけです。

「家」については、階層性ということにも留意することが必要です。大きくは高持《たかもち》と無高という区別がありますが、高持であっても、安定的に再生産できるクラスと、それが困難なクラスがあります。

大まかに言って、江戸時代の中期から後期にわたって、「村」のなかの半分ほどの「家」が二、三代で消滅しました。それでも戸数や人数が維持されたのは、再生産可能な「家」が分家を繰り返し、そのネットワークが「村」を支えたからです。と同時に、家業も家産も不確かな下層の「家」でも、なんとか「家」を存続させようという意識が広がります。「勤勉」な勤労家族のメンタリティが定着していくことに、注意しておきたいと思います。

ところで、「村」と「家」の関係でいいますと、「村」の正式の構成員とされたのは、いわゆる高持でした。年貢を負担する耕地をもっているのが高持ですが、この耕地の石高を基準にして、「村」のさまざまな負担が割り付けられました。そのため、それを負担する高持層だけが、「村」の構成員としての権利をもつとされたわけです。

しかし、無高や下層のものにも「家」意識が高まってくると、「村」のあり方が変わってきます。持高でなく、「家」を単位にした「村」の運営になっていきます。それにともなって、地域のあり方も変化します。

このように、三つの場のなかでは、「家」のあり方というのがいちばんの基底にある、ということもおさえておきたいと思います。

B生活の諸相

さて、つぎの問題は、生活の諸相をどのような枠組みでとらえるか、ということです。『吉井町史』では、それを、生産と消費、社交と個人、という組み合わせで考えてみようとしました。以下、それらについて、箇条書きにして列挙してみたいと思います。なかには、やらなければと思いながら、できなかったことも含みます。

a 生産

- 生産条件
  - 用水・入会地
  - 耕地管理（開発・散田）・共同労働
- 祭祀
  - 豊穣祈願・災厄駆除
- 労働
  - 農業労働
  - 夫役（普請人足・送り夫・番役・陣夫）
  - 農間余業
- 技術と道具

生産条件や祭祀については、「地域」や「村」のレベルで問題になることが多いのですが、具体的には、争論や村議定、村入用などを通じて明らかにしようとしています。

耕地に関わることは、隣り合う「家」同士でもめ事になることもあります。こうした問題は「村」のなかで内済になります。祭祀について系統的に事例を提示することはなかなかむずかしいのですが、雨乞いや虫送りについては興味深い習俗がありました。産土社《うぶすなしゃ》による「牛守札」の配布や、領主が村々に「蝮除《まむしよ》け」の護符を配っていることなども注目されました。

ただ、たいへん残念だったのは、「技術と道具」です。この点は当初から強い関心をもっていたのですが、適当な資料を得られませんでした。技術や道具の地域性や階層性について考えたかったのですが、今後の課題に残りました。

b消費

・衣食住―ハレとケ、階層性に留意
・家具と器物
・購買――何を、どれだけ、いつ、どこで
・家計――借金、奉公、物価

ハレとケというのは、民俗学でよく使われる言葉ですが、ケは日常普通の状態を指し、ハレはなにか特別の状況や行事を指します。

衣食住にはハレとケでそれぞれ区別があって、衣や食はハレの日とケの口とで違いがありますし、住についてもハレの場、表座敷とかですが、それとケの場、居間とか納戸とかですが、そうしたものが空間的に区別されています。

もちろんハレとケの区別は、村内でも上層の「家」ほどはっきりしていて、下層になるほど区別があいまいになります。総じて、衣食住については階層差が顕著です。

住については、表三間座敷住居、田の字型、一間小屋、という三類型を示しましたが、これは家相図や潰れ家の書付、さまざまな証文類などを集めて分類したものです。器物については、盗品の書付、寺院の什物調べなどを例にしました。購買については、上層の「家」の場合ですが、買物帳のかなり詳しい分析をしました。

家計というのは豊富な内容がありますが、そこにあげた借金と奉公については、少し説明がいると思います。

江戸時代の農民というものは、非常に厳しい年貢収奪を受けていて、年貢を未進する、年貢を納めることのできない農民が、毎年たくさん出ます。こうした年貢未進をした農民は、「村」や個人の「役介」になるわけですが、江戸時代の後期になると、「村」のなかの中層や上層の農民のなかにも年貢未進をするものが出てくるようになります。いわば、民衆の家計にとって恒常的な借金の存在が、非常に重要な問題としてあるわけです。

そして、この借金のために、女・子どもが奉公に出るわけです。このような奉公は、年貢未進分を前借りしたカタに出るわけですから、つらくても逃げられません。病気になっても、誰かを代わりに出さなければなりませんし、出せなければ利子を付けて借金を払わなければなりません。ほとんど身売り的な状況で、女子の場合、奉公先の男性に孕《はら》まされるといった過酷な状況になることもありました。そうした点を見据える必要があると思います。

c 社交

・「村」の記憶、「家」の記憶
・「家」の維持――家株・相続・養子・分家
・ネットワーク――親類・近所・講・仲間・寄合
　　　　　　　　若者組・娘組・嫁の寄合
・身分関係
・救恤《きゅうじゅつ》と医療
・学芸・文化

社交というのは、社会的な付き合いのことです。生活を考えるうえでは、これが非常に重要だと思います。

『吉井町史』では、「村の暮らし」の記述を「村の記憶」ということからはじめています。この「村の記憶」というものは、一七世紀後半まではかなりアイマイなのですが、それ以降ハッキリしてきます。ちょうどこのころに徳川社会の「村」が成立するからです。それと、「村の記憶」の変化から、人びとの生活上の関心の変化を読み取ろうとしています。

「家」の維持の問題が社交に含まれるのは、「家」が社会的存在であるからです。「家」が続くかどうかということは、その「家」にとってだけでなく、「村」にとっても親族にとっても大問題でしたから、それらが寄ってたかって「家」の維持を図るわけです。これは、先にも述べたところです。

つぎのネットワークという項目は社交の中心となるテーマで、豊富な内容をもっています。娘組や嫁の寄合については、適当な資料がありませんでした。この地域では、資料が残っているころには、女たちが「家」のなかに囲い込まれる度合いが強まっていたのかもしれません。若者組については、興味深い事例を紹介できました。娘たちが「家」に囲い込まれることによって、「村の娘は村の若者のもの」という「慣習」が揺らいでいる様子がうかがえます。

身分関係というのは、ちょっと説明がむずかしいのですが、ご承知のように江戸時代というのは身分制社会でしたから、身分の別というものがはっきりしていました。そして、身分と身分のあいだには、集団としてさまざまな関係が結ばれていました。差別されていた身分のことは詳しくふれていませんが、江戸時代の「盲人」集団だった「座頭」と「村」や「家」の関係についてはふれています。

江戸時代の「村」に予想以上の医者がいたことや、その医療活動については、他の市町村史でも取り上げられていますが、ここでは十分ではありません。

学芸・文化については、先に俳諧についてふれましたが、ほかには武芸について、おもしろい資料がありました。村人にとって、武芸が自己鍛錬の機会であったことが重要です。このことは、あとで詳しく紹介します。

d個人

・出産・生育・結婚・年祝い・葬祭

・男と女、夫と妻、老人と子ども（嫁と姑、兄弟・姉妹）

個人という点で、一つの柱は、いわゆるライフサイクルであり、また、それにともなう通過儀礼です。上層の「家」では、それぞれについて祝儀簿などがつくられており、そうした儀礼への親族や近所、「村」の関わりについて述べました。

もう一つの柱は、個人同士の関係です。ここではおもに「家」の内部のことが問題になります。「家」の外の人間関係は、社交のところで扱います。そちらは必ず「家」を媒介にします。「家」の内と外というものは、もちろん密接に関係するわけですから、社交と個人を関連づけて考えるというのがむしろ基本でしょう。ただ、時代が進みますと、だんだんと家族というものが自立するようになり、それにともなって個人という側面も注目されるようになりますから、一応このように立ててみたわけです。

ところで、民衆の生活を描く場合に、一年のあいだの「年中行事」と、人の一生のあいだの「通過儀礼」とに分けて描くということがよく行われます。しかし、それではあまりに平板だと思いました。そこで、このように生産と消費、社交と個人という枠組みを考えてみたわけです。

わたしとしては、つねに関係のなかで生活をとらえてみたいと思っておりまして、それが生活を政治や経済と結びつけて考えることにつながると思っています。

以上から、生活史の枠組みとしては、縦軸にAの場を置いて、横軸にはBの諸相を置き、さらにこれに時系列、つまり時期的変化の軸を加えて、いわば三次元的な構造のなかで、できるだけ立体的なものとして生活史をとらえてみたいと思ったわけです。

生活史と資料

このような立体的な枠組みで生活史を考えるとすると、それにあわせて、これまで十分には使われてこなかった資料を、新たな視点から読み解いていくことが必要になると思います。

もちろん資料は、どんなものでもすべて貴重であって、すべての資料が大切に保存され、有効に活用されなければならないのですが、ここでは、生活史ではどんな資料に注目するかということとで、また箇条書きにして列挙してみたいと思います。

A文書

a 領主文書

・法令

・訴訟文書・裁判文書

・褒賞・犯罪関係文書

領主が出した法令には、領主が民衆の生活の実態をどのようにとらえているか、ということが反映されています。とくに、法令で禁止されている事項から民衆生活を読み取ることができます。訴訟になったもめ事には、民衆生活が反映されています。褒賞・犯罪関係の資料は、『吉井町史』でわりによく使いました。そこから労働や婚姻・介護など、生活史に関わるさまざまな論点を引き出せたと思っています。

b 村文書

・年貢通

・上申文書――伺・願・届という形の文書→御用留帳

・村内文書──┬村議定・村入用関係
　　　　　　├内済証文
　　　　　　└借用・頼母子《たのもし》・売買関係

年貢通というのは、これまであまり注目されなかった資料ですが、年貢納入のために「村」におかれた百姓の個人口座のようなものです。もちろん名義人は戸主ですから、「家」の口座というべきでしょう。

そこには、年貢や村入用などの負担をはじめ、「村」の人足役などを勤めたときの給銀（米）が書き上げられたり、「村」の掟に背いたときの罰金が計上されたりします。つまり、生産や労働、農民の家計の一端などを知ることができるものなのです。

上申文書というのは、「村人」の生活が支配の枠組みにふれたところで作成される文書です。一紙文書として提出されて、その控や案文などが「村」に残ります。こうした文書を名主などが書き留めて、だいたい一年単位くらいで帳面にしたのが「御用留帳」です。「諸願留」といった題のこともありますが、これは生活史にとって宝箱のようなものです。

つぎのグループは、基本的に村内で機能した文書です。内済文書というのは、村内で起こったもめ事を、領主へ訴訟せずに「村」で内々に処理したときに取り交わされるものです。

「村」と「村」のもめ事が、大庄屋や近隣の「村」の庄屋、寺院などの仲介で内済されることもあります。

借用証文などは、つぎの私文書ともいえますが、しかし、江戸時代の借用や売買という行為は、個人と個人のあいだでは完結しなくて、必ず五人組とか親類とかが関わっています。つまり、社交のレベルが重要です。頼母子を含めて、金融関係全般をここに入れて考えるべきだと思います。

c 私文書

・大福帳・万《よろず》覚帳・諸日記
・買物帳・通帳
・一件覚帳─┬祝儀帳・香典帳・献立帳・施薬帳
　　　　　　└旅日記
・諸証文類（受取証・送状など）・覚書・手紙
・芸能資料――免許状・教科書・手習本・詠草・書籍（刷本・写本）

生活史を考えるためには、こうした私文書がとくに重要です。ただし、これらの資料は断片的であったり、走り書きで難読であったりするものですから、とかく公文書に比べて冷遇されてきました。しかし、こうしたものを掘り起こしていく必要があります。

とくに、最初にあげた簿冊形式の「家政日記」が重要で、これも生活史の宝庫といえます。証文類や手紙なども、まず読むのに苦労しますし、断片的なためについつい敬遠しがちですが、使い方次第でいろいろの情報を引き出すことができます。

一件覚帳としたものは、「家」でなにか行事があったときに、そのためだけにつくられたものです。その種類はもっとあげられると思いますが、気づいたものだけをあげました。

旅日記はどこへ誰と行ったかということも大事ですが、ほかにも、どこに泊まったか、宿賃はいくらか、土産を誰にどれだけ買ったかとか、興味深いことがいろいろあります。旅のあいだの出来事をあれこれ記録したものですから、一件文書としました。

これらの文書は、どちらかというとハレや非日常の記録ですが、そこには日常の「村」や「地域」とのつながりが色濃く反映しています。

B有形資料
a景観――絵図（村絵図・町並図・屋敷割図・耕地図）などと対照
b建物――家相図・指図・棟札などと対照

c道具――民具・考古遺物

d石造物――供養塔・常夜灯・道標・墓石・巡礼塔・筆子塚・祈念碑

e信仰物（木・紙・金属）――仏像・本尊曼茶羅《まんだら》・御札
奉納額・絵馬・算額

歴史学は、文書や文献をおもな資料にしていて、それ以外の資料の扱いにはあまり慣れていません。しかし、『吉井町史』では、当初からこうした分野の資料も重視して、地区別の石造物や溜池の台帳づくりですとか、家屋の調査ですとかも実施しました。

道具では、畳の頭板だとか、そこには年代と畳師の居所と名前が書いてあって、『木簡研究』にも報告されました。信仰物では廻国修行に使われた笈仏《おいぶつ》ですとか、辻堂の木仏ですとか、それぞれ貴重な発見がありました。棟札などは、文化財保護委員の方々が調査された報告書があり、それと現物を対照しながら使わせていただきました。

それから、景観に関わることですが、町内の詳細な「小字図《こあざ》」をつくりました。今後の活用が期待できる資料だと思います。

C無形資料

a 民間伝承・口承文芸（民話）
b 習俗・民間信仰
c 伝統芸能

こうした無形資料は、聞き取りやフィールドワークによって収集されることが多いもので、従来から民俗学がもっとも得意としてきた領域です。『吉井町史』でもそれに学んで、二〇〇人以上の方から、集団的に、また個別に聞き取り調査を行い、近代や現代の部分ではその成果が生かされました。ただし、聞き取りを江戸時代にまで広げるというのは困難で、こうしたものの利用は限られると考えています。

社会の急激な変化を考えると、これからは、ビデオなど映像や音声として記録しておくことが重要になってくると思います。今後、系統的な取り組みが必要な分野です。

さて、以上、かなりこまごまとした紹介になりましたが、要点をひと言でいえば、生活史にはそれに必要な固有の資料群があるということです。そして、それらのものは、従来は資料としてあまり重視されてこなかったものであって、そうした資料を今後は大切にし、保存し、さらに掘り起こしていかなければならないということです。

民衆と武芸

農村での武芸の普及

『吉井町史』では、紙幅の関係で詳しく紹介できなかったことも少なくありません。収集した資料もすべて活用できているわけではありません。町史ができたらそれで終わりではなく、資料を保存し活用する継続的な努力が必要だと思います。ここでは、先ほども少しふれました武芸について紹介してみたいと思います。

江戸時代も中後期になると、上層農民のなかに武芸を嗜《たしな》む者が出てきます。彼らは、武芸だけではなく、さまざまな芸能や学問を修得しようとしますが、それは地域内での彼らの地位を権威づけるとともに、そのさらなる上昇意欲を保証するものでもありました。

とりわけ領主の地域支配の末端に組み込まれたり、中世末以来の侍身分に連なる出自を誇る者の場合、武芸への指向はより強かっただろうと思います。一八世紀の中頃に近江国の蒲生《がもう》郡・神《かん》崎《ざき》郡一帯の農村に、千葉流剣術・高尾流槍術が普及していた状況を、『八日市市史』で紹介したことがあります。その担い手たちは、やはりこうした立場の人たちでした。

関東農村にさまざまな剣術が広まっていたことは、高橋敏さんが明らかにしておられます。たとえば、一八世紀の中頃に上野《こうずけ》国勢多郡の農村に源流という剣術が普及していたそうです。この地域では、一九世紀になると法神流という剣術も広まるようですが、その事実を紹介したうえで高橋さんは、農民剣術が「通り者やヤクザ集団」と連なることによって、反社会的・反秩序的傾向をもつ反面、「権力にとり込まれ、幕末維新の変革期にあって下からの変革に連なるどころか、これを抑圧する勢力とならざるをえなかった」と述べています。

このように、民衆の武芸は二面性をもっていましたが、それはその担い手の二面性でもありました。新撰組の近藤勇が天然理心流の道場を通じて同志を集め、その武芸ネットワークが多摩地域での新撰組の支持基盤になったことも知られています。

江戸時代後期の農村や民衆の動向を考えるうえで、武芸がひとつのキーワードであることは間違いないでしょう。

竹内流について

岡山地方の民間武芸としては、竹内流《たけのうち》が有名です。竹内流は、美作《みまさか》国久米北条郡垪和《はが》郷（現美咲町）の土豪であった竹内久盛によって戦国末期に創始され、二代久勝、三代久吉によって一七世紀前半に完成された武芸です。その活動は現在も続いていて、日本の「古武道」の代表といってよいものです。

竹内流は、捕手《とりて》・捕手腰之廻・羽手《はで》・棒・剣法斉手・抜刀・薙刀《なぎなた》・殺活《さつかつ》法からなる総合武術で、それぞれに表・裏・小裏・奥・極意・大極意・一子相伝があり、型と術の数は数百種に及ぶといわれています。修行の段階も、達者・目録・次臈《じろう》・免許・印可に分かれ、それぞれの段階の者が出精役・世話役・吟味取立・取立後見役・後見役の役付になり、弟子たちの指導と管理に当たりました。

現在、竹内流を源流とする武術は三〇数種が知られており、その流派は全国に広がっています。文政・天保期（一八一八～四四年）に活躍した八代の久愛は、入門者数千人・墨付門人一千人といわれており、その隆盛ぶりをうかがうことができます。

竹内流は、一貫して本拠を美作国の一山村におき、宗家も江戸時代を通じて仕官することなく、あくまで民間の武芸として生きつづけました。ただし、当時から著名でしたから、武士の入門者も多く、修行・伝授などの制度もかなり整備されています。

これに対して、竹内流の周辺には、きわめて小規模で分散自生的な諸流派が簇生《ぞくせい》していたと考えられます。そして、竹内流のような大流派とともにそのような群小流派が存在したことに、この地域の武芸の特徴があるのではないかと思うのですが、残念ながら、それらの多くは、現在ではその存在すら知られなくなっています。

運のよいことに、先ほどから話しています『吉井町史』を編纂する過程で、力信流《りきしん》と壱佐流《いっさ》という二つの武芸と出会うことができました。この二つの流派は、現在ではともに行われなくなっているものですが、その概略を紹介してみたいと思います。

力信流について

力信流は、竹内流から分かれた武術です。そのことは竹内流のほうでも認知されており、官部嵯峨入道家光なる人物が、三代久吉から竹内流免許を受け、のちにみずから工夫を加えておこしたものだといわれています。

家光は肥後熊本の住人で、力信流はおもに中国・九州地方に広がったそうです。「竹内流系譜」は、次ページの図のAのような系統を掲げています。このうち杉山縫殿之輔《ぬいのすけ》勝光が「力信流美作国ノ祖」であり、久米南条郡上弓削《かみゆげ》（現久米南町）の住人であったということです。また、池田善治郎議光は同郡塩之内村（同前）の住人だったそうです。

旧吉井町仁堀《にぼり》地区で見つかった力信流の資料は、これとは異なる系統に属するものだと思いま

力信流相伝図

官部嵯峨入道家光 — 官部八郎左衛門藤光 — 荒川八郎吉光 — 片岡與八郎氏光 — 官部逸八宗光

- A 杉山縫殿之輔勝光 — 今井左源太源義光 — 森原左兵衛源兼光 — 池田善治郎議光
- B 杉山縫殿之輔勝光 — 今井左源太源兼光 — 今井左兵衛源兼光 — 菅力之助重光 — 河原好五郎定光
- C 杉山縫殿之助勝光 — 杉山藤兵衛宗光
- D 杉山縫殿之介藤光 — 藤原仙吉輝光 — 本田亀太郎勝光 — 弓元唯三郎孝光

す。その系統をB・C・Dとして、同図に示しました。Bは安政五年（一八五八）六月二四日、Cは文政一三年（一八三〇）六月二四日、Dは明治二六年（一八九三）一月二六日のそれぞれの日付をもつ「力信流柔術・棒術免許状」に掲げられているものです。

これらによりますと、美作地方の力信流が杉山勝光を流祖とすることは共通しています。しかし、その後の系譜はまちまちで、伝授がかなりルーズに行われたと想像されます。同じ力信流といっても、それぞれが小集団を形成して、独自に伝習を行っていたと思われます。その意味では、分散自生的な活動であったといってよいでしょう。

B・C・Dのうちでは、杉山勝光からの伝授が直接で、年代も古いCが、力信流の「原型」に近いものだと考えてよいでしょう。また、BとDの免許の内容は、若干の字句の違いを除いてほぼ同一です。ですから、以下Cを中心にBと比較しながら、力信流の武術について紹介することにします。

力信流は、柔術・剣術・棒術からなっています。「柔術稽古目録」では、まずはじめに一二か条が掲げられます。Bでは、その前半六か条を柔術、後半六か条を立合と区別しています。次いで、中極意五か条・秘極意三か条がきます。なお、Bでは、このあとに「墨付二拾ヶ条」とあり、さらに棒術の中極意の前に「柔術小裏三拾ヶ条」とありますが、標題だけで、一々の箇条の内容は示されていません。

剣術は、二六か条・四五本、Bでは二七か条・五〇本からなっています。棒術ははじめに六か条、次いで中極意五か条・本極意五か条・秘勝六か条口伝、と続きます。Bではこのあとに居合四か条を加え、秘勝と合わせて一〇か条とします。

力信流の免許に竹内流のような段階があったかどうか不明ですが、B・C・Dがほぼ同じレベルを示すことからすれば、この程度が一般に修行され免許された型であったと思われます。全体として、時代の古いCに比べて新しいBでは、型が増加しており、相伝の過程で工夫が加えられ、再編や追加が行われたことがうかがえます。

では、BとDとは年代が四〇年近くも離れており、しかもまったく異なる相伝関係をもつにもかかわらず、ほぼ同一の内容であるのはなぜでしょうか。それだけ力信流が厳格に相伝されていたことを示すのでしょうか。たぶん、そうではないと思います。

BとDとが、ともにDに連なる家に所蔵されていたことを考え合わせますと、DがBを参考に作成されたと考えるのが自然ではないでしょうか。つまり、Dの系統の相伝の内容はかなりルーズになっていたため、この免許状を書いた弓元唯三郎があらためてBを参考に整備し直したのではないでしょうか。同家では、唯三郎が力信流を一代で創始したと伝承されていることも、それを裏づけると思います。

壱佐流について

もう一つの壱佐流という武芸については、これまでその存在が忘れられていました。免許状にみえる相伝関係は、左図のようになります。免許状には、「右流極秘之術日ノ本二、三家アリ、異国莪《が》桂仙《けいせん》ヨリ伝へ甚秘ス」とも書かれています。

伝承はかなり不確かで、現在残されている資料も、幕末明治期に活躍した勝田光左衛門と勝田小三郎のものだけです。

光左衛門は、もと美作国久米南条郡羽手木村（現久米南町）に居住していましたが、のちに養子となって備前国赤坂郡黒本村のうち滝山村に移住したと伝えられています。

壱佐流は、体術四八本、棒術四〇本、槍術一〇本からなり、ほかに大事五本（極秘の捕手、忍の術）がありました。字面からは型や術の内容を復元しきれませんが、体術と棒術が中心で、力信流と比べてもより小規模な武芸であったのではないかと思われます。

壱佐流には、嘉永五年（一八五二）から安政三年（一八五六）までの門人帳が残されており、

壱佐流相伝図

佐々木三郎兵衛綱盛——伝代々末世——佐々木集益常利——佐々木左伝常一——勝田藤松正家
——勝田光左衛門正丘——勝田小三郎正一

このころがひとつのピークではなかったかと思われます。

その分布を上の表に示しました。このうち安芸および備中の者は、同国から美作国に移住していた者と思われます。それを除けば、門人の分布は、美作・備前国境沿いの限られた地域に集中しています。いわゆる日常的生活圏をそれほど出ない範囲に収まります。

入門者数も五年間で四九人ですから、年平均一〇人程度です。きわめてローカルで小規模な集団であったといえるでしょう。

壱佐流門人分布（1852〜56年）

国	郡	人数（人）	内訳
美作	勝北郡	1	広戸村1
	西々条郡	1	間夏尾村1
	英田郡	7	上山村6、福本村1
	久米南条郡	8	南庄村1、峠村1、越尾村2、全間村1、山上村1、原田中村2
備前	赤坂郡	16	黒本村14、中山村1、黒沢村1
	磐梨郡	3	高田村3
	和気郡	5	奥塩田村3、上田土村2
	岡山	1	
備中小田郡		1	宇戸谷村1
安芸賀茂郡		6	仁方村4、戸田浦2
計		49	

「壱佐流入門帳」（勝田家文書）より作成。

掟書を読む

このような小規模で自生的な武芸は、どのような性格をもっていたのでしょうか。そのことを考えるために、掟書を検討したいと思います。

武芸などに入門するときには、誓詞を出します。だいたい起請文の形をとることが多いのですが、そこに守るべき掟が箇条書きされています。壱佐流の掟書をつぎに示しておきましょう。

神文之事

一壱佐御一流無去隠事、貴家雖為甚秘、深懇望仕、依之御伝授被成下候段難有、自今子弟ノ御約束仕候上は、不法ノ働仕間敷事
一御公儀御法度儀、急度相守可申事
一親孝行之事
一目附手ノ内昼夜無油断専要ニ奉存事
一稽古ニ付相弟子ト意趣ヲ含申間敷事
一御免許無之内は、少シも伝授仕間敷事
一他流之善悪枇判申間敷事
右之條々於相背は、当流之師神
摩利支天
愛宕大権現

多聞天
永代弓箭之可蒙御罰者也
文久三亥九月吉日　　　　　和気郡龍鼻村　福園亀吉
勝田光左衛門殿

掟書のうち多くの箇条は、他の流派の掟書にもよく見られるものです。特筆すべきことはありません。ただし、注目すべきは、二条めの公儀法度を守るべしと、三条めの親孝行の条目です。この箇条は、力信流の掟書にもあります。力信流には、「貴人への礼儀を正すべし」という条目もあります。他の箇条が直接武芸の修行に関わるものであるのに対して、これらの箇条は武芸の世界に収まりきらないものです。

そもそも、公儀法度の遵守とか礼儀や孝行とかいうものは、「五人組帳」の前書などに掲げられているものです。徳川日本の民衆が第一に守るべきこととして、つねに説かれていることでした。それがなぜ、武芸の入門に際して、誓約される掟書に掲げられるのでしょうか。

一つは、民衆の武芸が犯罪や騒動といった反社会的・反秩序的な行為と結びつくような状況が広がっていたためと思われます。このことは、最初にふれた高橋敏さんをはじめ、多くの方が指摘されています。

文化二年（一八〇五）五月に関東の幕府領・私領に出された公儀触は有名なものですが、そこには「近来在方ニ浪人もの抔《など》を留置、百姓共武芸を学ヒ、又は百姓同士相集り、稽古致候も相聞へ候、農業を妨候計《ばかり》ニも無之、身分をわすれ、気かさに成行候基候得は、堅く相止可申候」とあります。

このような認識は、当時の領主層に共有されていました。こうした領主側の規制に対する民衆側の〈自主規制〉として、公儀法度の遵守や礼儀・孝行の強調が掟書に掲げられるのだと思います。力信流掟書には、武芸は「家業餘力」に行えという条目もありますが、それもそうした意味合いで掲げられたものです。

もう一つは、「孝」の強調に注目すべきだと思います。江戸時代の人びとにとって、「家」の存続ということが最大の目標であったことは、たびたびふれています。「孝」はそのための徳目といってもよいものです。ですから「孝」は、江戸時代の実践道徳におけるもっとも中心的な徳目とされたのです。

「勤勉」や「倹約」といった徳目も、「孝」の実践のためにこそ必要な徳目として位置づけられていました。つまり、武芸において「孝」が強調されるということは、武芸が単なる「芸」としてではなく、民衆の道徳実践の一環としてとらえられている、そういう状況を示しているのだと思います。まさに民衆にとっての武芸は、身体《からだ》とともにこころを鍛える自己鍛錬の場であったのです。

以上のような点から、力信流や壱佐流といった武芸は、幕末期の社会状況を反映した、より民衆的な武芸であったと考えたいのです。一八世紀中頃に上層農民に普及した武芸として、高橋さんやわたしが紹介した源流や千葉流・高尾流の掟書は、直接武芸に関わる箇条だけで成り立っており、公儀法度の遵守や礼儀・孝行などの箇条を含みません。

こうした両者の違いは、時代の違いと担い手の違いによるものだというのが、ここで主張したいことです。そうした視点から、江戸時代の武芸の掟書が、全国的に比較検討されることを期待したいと思います。

勝田光左衛門の活躍

武芸は家業の妨げになり、身分制を弛緩させるものだという意見は、幕末期の農兵取立に際しても、それに反対する論拠としてよく持ち出されました。こうした反対意見を乗り越えて、農兵取立が進められるのは、深刻な財政難や軍事力不足といった現実的な理由とともに、一定の範囲内で民衆の武芸を秩序維持のために利用しようという意図によるものでした。

たとえば、岡山藩の森下立太郎なども、「小さな矛盾から農民騒擾《そうじょう》が起こりやすい状況なので、その機先を制して、農民の勢いを善道に導き、国家の藩屏《はんぺい》とするために農兵取立が必要だ」と説いています。森下が危惧したように、民衆の武芸と騒擾との結びつきは現実の問題でした。

壱佐流の相伝者である勝田光左衛門は、安政四年一一月、「醍醐御殿御末作州袈裟頭本行寺」の「家臣」として、「御用之節帯刀」を「醍醐御殿御方勅願所、南都霊山寺」より許可されています。あわせて本行寺からは、「檜符《ひのきふ》」と「合印提灯《あいいんちょうちん》」を「御用之節用可申」として預け置かれています。「寺侍」のような地位に取り立てられたのでしょうが、実際は用心棒のような役回りでしょうか。

この本行寺の慈教院こそ、慶応四年（一八六八）から明治三年までの三年間にわたって、美作国南部を舞台に闘われた「鶴田《たずた》騒動」の指導者となった人物でした。慈教院には、大戸《だいと》上《かみ》村（現美咲町）の小一郎という弟がいましたが、兄弟はともに「鶴田騒動」で重要な役割を果たすのですが、二人とも明治二年四月に鶴田藩によって身柄を拘束され、村方押込《おしこめ》になります。

このとき、小一郎の「罪状」を記した文書に、「土井大炊頭《おおいのかみ》領分金堀村無宿善吉事、勝田光左衛門と為名乗《なのらせ》、帯刀美服にて同道、村々徘徊《はいかい》致し、訴訟相勧」とあります。これによって、勝田光左衛門も小一郎の下にあって、積極的に騒動に関わっていたことが確認できます。

慶応四年四月に、大戸組の大戸上村ほか五か村が、京都の新政府に対して「龍野役人衆」の「暴政之次第」を訴えたことがありました。江戸時代の後期に美作国東南部の幕府領は、播磨龍野藩の預地《あずかりち》になっていました。その「暴政」を訴えたわけですが、その訴状は「三宝院宮《さんぼういんのみや》御末流本教寺慈教院内　稲谷小一郎／同　勝田光左衛門」が差出人になっています。

残念ながら、これ以外の光左衛門の活動を裏づけることは、今のところできていません。「鶴田騒動」を評判した「奸賊見立角力《かんぞくみたてすもう》」という番付には、前頭の二段目中ほどに「羽出木　光左衛門」を確認できます。

また、明治二年一一月に鶴田藩は、騒動の潰滅をねらって五三五人を召し捕らえて取り調べを行いますが、羽出木村の逮捕者一二人のうちに光左衛門も含まれていました。なお、このときに壱佐流の門人であった全間《またま》村（現久米南町）の勝次郎も逮捕されています。

鶴田騒動は明治三年八月に、流終身四人、三か年徒刑三人、二か年徒刑三人、一か年徒刑五人、計一五人の処罰者を出して終結します。慈教院は、明治二年六月に「村方脱走」し、同年一一月頃までは騒動との関わりが確認できますが、それ以後の行方は不明です。小一郎も同じように行方不明です。

勝田光左衛門は、明治二年一一月に逮捕されたのち、鶴田（現岡山市）の定林寺に押し込められていましたが、そこを脱走したようです。しかし、その後は「犯罪事件悔悟謝罪実功も相顕候」ということで、「格別之以寛典、咎《とが》之沙汰及さるもの也」と申し渡されています。明治四年三月のことです。光左衛門が備前国赤坂郡黒本村に移住したのは、この直後のことであったでしょう。二六五ページの表で見たように、壱佐流の門人がもっとも多かった村です。

民衆と武芸の関わりは、明らかに二面性をもつものでした。旧吉井町域の村々から岡山藩の農兵隊に参加した者も少なくありません。ただ、わたしとしては、勝田光左衛門と鶴田騒動の関わりのなかに、壱佐流のより民衆的な性格を認めたいと思うのですが、それは思い入れというものでしょうか。

おわりに

わたしの住んでいます岡山県では、一九八〇年代から九〇年代にかけて、岡山県史が編纂されました。この事業を通じて、地元の歴史についての関心が広がり、各地の自治体で自治体史をつくることがちょっとしたブームになりました。その動きは一段落したように思いますが、平成の大合併を受けて、新しく自治体史を編纂しようという動きもあります。

自治体史の編纂では、たくさんの資料が発見され、調査が行われます。しかし、編纂が終わると、資料に対する関心は急速に減退して、役所の中に保管されていたものでも、いつしか所在不明になるものが出てきます。

岡山の「史料ネット」では、災害に備えて県下の資料の所在リストを作成していますが、その動きとも連動しながら、いくつかの自治体では、自治体史編纂時に調査した資料の所在確認調査を実施しています。文書館やそれに類した組織ができればそれに越したことはないのですが、市町村ではそれはなかなか困難です。せめていちどは資料の所在確認は行いたいものです。調査で撮影されたマイクロフィルムの保存も頭の痛い問題です。

資料は歴史の探究に不可欠なものです。身近な資料の保存と活用のためにも、一片の資料からどんな世界が広がるか、ひとりでも多くの人に伝えたいものだと思います。資料のもつおもしろさが伝われば、身近な資料を大切にしようという意識も高まるでしょう。これも「予防ネット」の活動です。

ちょっと長い話になりました。これで終わります。

第八講

「生きること」の歴史学・その後

はじめに

最近、歴史の学会で、「生存」の問題が相次いで取り上げられています。これは、世界的にみて、人びとの「生命」や「生存」が危機的状況に陥っているという認識を直接の動機としているでしょう。それらの取り組みは真摯なものであり、大いに共感できるものです。ただし、現状に即応しようとするためでしょうか、「生存」の問題が「貧困」や「福祉」との関連で論じられがちなのは、いささか不満です。

また、取り組みが直接的な動機にもとづくものだけに、一過性に終わるのではないかという危惧もあります。歴史学において、「生存」を問うことの根元的な意味を考えてみなければならないと思います。

ひるがえってわたし自身について述べてみますと、一九九九年（平成一一）に京都で行われた「歴史学入門講座」で『「生きること」の歴史学』という話をしています。報告の要旨などについては『日本史研究』四四五号に記録されていますが、わたしの怠慢のため、文章化はされていません。その趣旨をかいつまんで整理してみると、つぎの三つにまとめられます。

一つは、一九八〇年代から九〇年代にかけて、近代社会の構成原理を再検討する動きが世界的に盛んになったことです。

産業革命と市民革命を契機にはじまる近代社会は、生産力・個人主義・民主主義・ナショナリズムを目標として掲げてきました。ロシア革命にはじまる「社会主義国家」もその統合を目指したものであり、広くみればその枠内にあったといってよいと考えます。このころ、環境と開発、人権と自由、ジェンダーやマイノリティをテーマとする国際会議が、国連を中心に相次いで開催されています。それらのテーマに、国連がそもそもの目的とする平和的共存を加えると、そこでのテーマが先の近代社会の四つの構成原理に対応していることがわかります。

それぞれの会議は、個々の原理の読み替えを進めるとともに、相互に連動しながら、近代社会のあり方を根元的に問うものになるはずでした。背後には、近代社会の「行き詰まり」に対する危機意識が共有されていました。

同時に、それまで国際問題が国家間や地域間の枠組みのなかで扱われてきたのに対して、一連の会議では、人類社会の問題として議論されたのも特徴的でした。それにともなって、国家の枠にとらわれないNGOなどの活動が広がります。

残念ながら、その後の取り組みは、目論見の真剣さに比べて十分なものとはいえません。近代の「夢」は醒《さ》めていないのでしょうか。同じ時期、歴史学では、「進歩史観」批判や「国民国家」

論が注目されるようになります。

ところで、こうした動きに深く関わっていた人物のひとりに、アマルティア・センがいます。彼は、国家の安全保障よりは人間の安全保障を、経済の開発よりは人間の開発を重視し、人間一人ひとりの成長と幸福の実現を追求する「潜在能力」アプローチを説いています。わたし自身が彼のことを知るのは、彼がノーベル経済学賞を受賞し、『貧困の克服』が日本で翻訳刊行された二〇〇二年以降ですが、その主張を読むと、当時の状況があらためてよく理解できます。

二つは、一九八〇年代以降、近代化の経験を「身体／身体性」に則してとらえようとする研究が広まったことです。

監視と規律化について論じたミシェル・フーコーの『監獄の誕生』と、「しぐさ」や「礼儀」の変化に注目したノルベルト・エリアスの『文明化の過程』が翻訳されたのが一九七七年（昭和五二）で、その影響は、八〇年代の社会史の流行とともに広がりました。一九九二年には、暴力的身体から従順な身体への変化を通じて習俗の近代化を論じた、ロベール＝ミュシャンブレッドの『近代人の誕生』が翻訳されています。

日本近代史においても、鹿野政直さんや成田龍一さんが健康や衛生を通じて身体の文明化＝国民化を論じましたし、牧原憲夫さんは「国民化への回路」として、「身体感覚に直接訴えかける」「装置」に注目して、興味深い研究を行いました。

ただし、これらの研究では、訓練・規律化を通じて身体が社会的なものとされる過程が描かれるために、個々の身体は他律的にとらえられがちでした。さまざまな「装置」によって、身体は国家のもとに回収・管理されるのは確かですが、そもそも健康や衛生の問題は、一人ひとりが生命の尊重や生存の保障を願うところに成立するものです。その意味で、身体は主体的にとらえられなければならないと考えます。

第二講でも述べましたように、一九九五年に北京《ペキン》で開かれた世界女性会議で採択された「行動綱領」は、画期的なものでした。そこでは、生殖や身体に注目して、人権を個人の「生」「生命」に則してとらえ返すことが提唱されています。言いかえれば、生命・生存という価値を、個人の人格としての尊厳に関わるものとして重視し、それを身体の問題としてとらえようということです。身体を主体的にとらえるというのは、こうした流れに棹さすものだと考えています。

三つは、資本の論理・市場の論理が浸透するなかで、労働力の流動化と国家・社会の共同機能の低下（放棄）が進み、その受け皿として家族への責任転嫁と過重負担が増していることです。

労働における矛盾の激化は、さまざまな形で家族へのしわ寄せとなっています。そのもとでは、母性だけでなく、父性の動員も求められるに至っています。家族主義イデオロギーは、旧来のもの単純な復活ではなく、新しい再編が行われようとしているのです。

そこでは、一人ひとりの人間観が、家族をめぐって試されようとしているといえるでしょう。この状況においては、家族を「社会の自然かつ基本的な集団単位」として価値づけるような従来の考えでは不十分であり、家族を人びとが生存のために勝ち取ってきたものとしてとらえる必要があります。そうした人類史の現時点に立って、生存の条件としての新しい家族と社会の関係の創造が問われているのだと考えます。

以上のような事柄を大げさに「生きること」と銘打ったのでした。ただし、その直後に、塚本学さんの『生きることの近世史　人命環境の歴史から』が出版され、「生きること」が喫緊の課題であることが確認されました。この書物は、自然から政治まで、人命をめぐる環境を総合的にとらえようとする二一世紀の劈頭《へきとう》にふさわしい仕事でありました。とりわけ、自然と人間の「知」との関わりが、興味深く論じられています。

わたし自身は、ようやく二〇〇八年に『徳川社会のゆらぎ』を出したにすぎません。そこでの主張は繰り返しませんが、①身分・階層で異なるライフコース、②「いのち」と「家」、③災害との闘い、④救恤における公儀・領主・民間の位相、⑤公共空間としての「世間」、といった事柄に注目しています。十分ではありませんが、第四講でもそのあたりの説明をしています。徳川日本人の「いのち」のあり様を基底に、わたしなりの「生きることの近世史」を描いてみました。それは、みずからに課した宿題へのささやかな解答でもありました。

以上のようなことは、この本でも繰り返し述べてきたところです。

二一世紀の最初の一〇年間には多くの劇的な出来事がありましたが、基本的な構図は変化していないと考えています。資本主義と結びついた功利主義的人間観の根強さを痛感させられる今日このごろです。「格差」や「貧困」への対処は喫緊の課題ですが、それに「福祉」を対置することで十分なのだろうか。「生きること」の歴史学のあり方について、あらためて考えてみたいと思います。

今、「生きること」の歴史学は、どのようなことに取り組むべきだろうか。みずから歩んだ一〇年あまりを振り返りながら、わたしの狭い関心にふれる問題を、いくつかあげてみたいと思います。

「生きること」の場としての地域

東日本大震災後に災害史を考える

災害の問題が「生存」や「生きること」にとって、欠くことのできない課題であることはいうまでもありません。東日本大震災の年の日本史研究会は、大会テーマに「『生きること』の歴史像」を掲げ、全体会シンポジウムでは「歴史における『生存』の構造的把握」がテーマとされました。そこで中世史家の矢田俊文さんが、「中世・近世の地震災害と『生きていくこと』」という報告を行っています。

災害史という分野は、従来はあまり注目されることがありませんでした。二〇〇六年（平成一八）に『日本災害史』という書物が刊行されていますが、状況が大きく変わったわけではありません。

しかし、東日本大震災以降は、たしかに状況が大きく変わりました。地震・津波・災害に関する書物が陸続と刊行されています。なかでも北原糸子さん・松浦律子さん・木村玲欧さんが編集された『日本歴史災害事典』は、今後の研究の礎になるものです。

災害史は、自然科学を含む諸科学との共同によって発展してきました。考古学や地理学などの成果に依存するところも少なくありません。先の『日本歴史災害事典』もその共同の成果です。たしかに災害という事柄の性格上、諸科学との共同は引きつづき重要ですが、他方、歴史学固有の役割も明確にしなければならないと考えます。それは、つぎのようなことです。

一つは、多面的な資料の収集・利用を図ること、および徹底した資料の読み込みと資料批判を行うことです。先の矢田さんの報告でも、文政一一年（一八二八）に起きた越後三条地震を取り上げ、従来の被害状況を示す資料の問題点を指摘したうえで、新しい資料によって被害の実態を具体的に明らかにしています。

二〇一二年四月一八日付けの「読売新聞」などに、古代史家の今津勝紀さんが『日本紀略』の記事の読み直しから、延暦一三年（七九四）に南海地震とみられる巨大地震が起きていた可能性を指摘したことが報じられました。その後、異論も出ているようですが、こうした努力は引きつづき行われなければなりません。

二つは、自然科学では、地震・噴火・疫病・飢饉など災害ごとに研究が分化せざるをえない面があるのですが、他方、人文社会科学では、「災害と社会」の関係としてさまざまな災害を総合的に問う必要があるということです。

自然科学は、自然のメカニズムを問題にします。そして、災害ごとにそのメカニズムが異なるわけですから、そのことが専門的に深化されなければならないのは当然だといえます。人文科学でも自然科学と共同して、地震史や飢饉史などとして分化し深化することはあるでしょう。

しかし、むしろ人文社会科学の真価は、その総合化にこそ求められるのではないでしょうか。災害における人間的・社会的「反応」の史的分析ということです。

三つは、災害の被害の面にだけ注目するのではなく、「災害が人びとを強くする」側面に注目する必要があるということです。これは寺田寅彦が言っていることなのですが、彼は文明が進めば進むほど、災害による被害は大きくなると述べています。同時に、災害によって人びとが強くなるのも文明であるとして、こうした考えを「進化論的災難観」と呼んでいます。こうした側面を歴史的な経験として明らかにしていくことは、やはり歴史学の固有の役割だと思います。

四つは、以上のことの当然の帰結なのですが、災害史を部門史に終わらせないということです。災害における社会的「反応」の史的分析は、「災害の社会史」と呼んでもよいでしょう。

レベッカ・ソルニットの『災害ユートピア』は、災害後に現れるチャリティやボランティアを通じて協同の絆《きずな》が生まれることだけでなく、犯罪の頻発をはじめとしたさまざまな問題が起ることを検討しています。そして、その経験が社会をどう変えるのか注視するよう促しています。

そうしたことを歴史的にも問う必要があるということですが、わたしは、さらに視座を転換させて、災害の問題を社会の構造として組み込んだ社会史を目指すべきだと考えます。それは、災害を機に現れる文化としての「生存システム」を問うことだと考えています。

語りとしての「誌」

災害への注目度は、被害の大きさで判断されやすいものです。とくに近代科学に慣れた頭は、その傾向に陥りやすくなっています。数字に示された特徴や変化によって、事態を客観的・科学的に理解したかのように思いがちです。しかし、歴史学が「人間の科学」であるならば、その背後にある一つひとつの「生」に対する思いを欠くことはできないのではないでしょうか。「生きること」の歴史学の基礎には、人口史・家族史・地域史が欠かせませんが、それらは人口誌・家族誌・地域誌にならなければならないと考えます。

「誌」は、中国では「志」と書きました。もともとは「しるす」ことです。史学で「志」は部門史を指します。とくに国史に対して「志」といえば、地方志を意味し、国史が変転する王朝を単位としたのに対して、地域を単位とするものでした。

そこでは人びとの習俗や自然が重視され、変わらぬ生活が描かれました。内藤湖南によれば、地方志が真の意味で史学として自立したのは、明《みん》から清《しん》にかけてであったようです。それが徳川日本の学者・文人に受容されました。彼らの自由な精神は、国史にではなく地方志にこそ豊かに発揮されたのでした。

「生存」の問題は、一人ひとりの「人」、一つひとつの「家」の「生」や「死」に則して語られなければなりません。その点で、江戸時代史研究はこれまでも豊かな蓄積をもっており、そのことは二〇一一年の日本史研究会大会での矢田さんや岩城卓二さんの報告がよく示しています。

この点で注意しておきたいのは、こうした取り組みの出発点になったのが、女性のライフコースの研究であったことです。わたしは、森安彦さんの武蔵国太子堂村の分析が重要であったと考えています。その後、太田素子さんや沢山美果子さんの子育て・堕胎・間引きをめぐる一連の仕事が生まれます。「女の一生」のモノグラフが、女・子どもの「いのち」への関心へと広がったのです。このことも第二講で述べました。

もちろん「人」や「家」の「生」は、それを取りまく政治・経済・社会状況と無縁ではありません。人口動態をめぐっても、その政治的・経済的・社会的要因の複合が、きめ細かく分析されなければなりません。その点では、つぎの三つのことに留意したいと思います。

一つは、「江戸時代後期には農村から都市へ人口が流入し、都市人口が増加し下層民が拡大する」といった一般的なイメージを修正する必要があるということです。ひと言で都市といっても、三都と城下町や在町《ざいまち》では状況は異なっています。しかも、いずれの都市も一九世紀には人口が停滞か減少し、このころから逆に農村人口の増加が本格的にはじまります。近代の人口問題は、江戸時代後期の単純な延長上にはないことを理解すべきだと考えます。

二つは、これまで「村」から「家」や「人」に下降する方向で深めてきた人口誌を、地域を単位として動態を描く地域人口誌へと広げなければならないということです。このことは先にあげた岩城さんの報告でも、人口移動の問題として分析されていますが、領主の奉公人対策とともに、労働市場や奉公人賃金などの問題にも目配りが必要でしょう。実像に迫るためには、従来の農村史研究を継承するとともに、さらに資料と方法の工夫が必要だと思います。

三つは、地域人口誌が位置づくような、新しい地域誌が求められることです。この点では佐竹昭さんの『近世瀬戸内の環境史』は、興味深い成果です。そこでは、植生・動物などの自然環境と人口・生業など、人びとの生活とを結びつけた地域誌が目指されています。環境―生業―生活のつながりということです。

佐竹さんは、藩を単位とし、それをいくつかの地帯に分け、さらには郡へ、郡もそれを地区に分け、地区から村へ、そして村内も字集落へと、あたかもタマネギの皮をむくように分析を重ねていきます。その作業は緻密なのですが、地域の重層のなかで、今どのレベルに注目すべきかという立ち止まりがほしい気がします。わたし自身は、一、二郡の広がりを単位とした地域誌が焦点だと、以前から考えています。

救恤の構造

救恤《きゅうじゅつ》の問題は、生存と公共の関わりを問うことです。救恤には、非常時・緊急対策としてのものと、日常的なものとがあります。このうち非常時については、『徳川社会のゆらぎ』でもある程度ふれているので、ここでは日常的なものを取り上げてみたいと思います。

また、日常的なものとして、江戸時代では貯穀と拝借があげられますが、義倉や社倉など貯穀に関わることは、不十分ながらやはり先の本でふれていますので、ここでは拝借について述べてみたいと思います。

江戸時代の農村文書を見ていますと、当時の村には多様な拝借金（銀）が入り込んでいたことに気づきます。災害時の夫食《ぶじき》代・種籾《たねもみ》代・農具代の恩貸から、豪農献金にもとづくものや鉱山振興を目的にしたものなど、じつにさまざまです。恩貸というのは、ふつう無利子で長年賦返済の貸付を指します。

たとえば、備中国哲多《てった》郡幕府領一〇か村組合の場合、荒地起返《おこしかえし》御手当銀・献納鉄代拝借銀などが長期にわたって運用されていました。荒地起返御手当拝借銀は、天明年間（一七八一～八九）から全国の幕府領で広く行われたもので、早くから竹内誠さんが注目していたものですが、その運用は代官所によって違いがあったようです。

献納鉄代拝借銀は、倉敷代官所管下の幕府料に固有のもので、阿賀郡実《じつ》村の鉄山師太田三左衛門らが、寛政元年（一七八九）に幕府へ献納した小割鉄一二〇〇束の代金の一部を、代官所が哲多郡・阿賀郡一五か村組合に、「飢窮御備」として貸し付けたものです。

これらの拝借銀については、つぎのようなことが指摘できます。

一つは、拝借銀は一般に長年期ですが、ここでは年期延長のたびに棄捐《きえん》や貸し増しが行われ、書き換えが延々と繰り返されたことです。大塚英治さんが農村金融について提起した〈融通―循環〉論とは少し違いますが、「拝借―循環」構造といったものが村々を支えていたのです。頼母《たのも》子《し》講《こう》を含め、融通・拝借などの金融問題は、「生存」の問題と深く関わっています。

二つは、拝借は、組合村―村―個人へと下降しますが、民間での個人間の貸借とは異なって、最終的には当事者の相対《あいたい》では済まないものです。個人の拝借を保障・規制しているのは村であり、代官所から拝借銀を請け負っているのは組合村でありました。

備中国を中心とした倉敷代官所管下の幕府領では、久留島浩さんや山本太郎さんの研究によって、「郡中」の役割が強調されることが多いのですが、しかし、「郡中大割」が代官所入用を中心としたものであるのに対して、「組合入用」は人びとの生活や生産により密着したものでした。拝借銀も請負主体は組合村であり、「郡中」が関与することはありません。「郡中」が機能しえたのも、この組合村から惣代庄屋が出されたからです。

三つは、拝借銀は長期化するなかで、組合村の権利化するということです。献納鉄代拝借銀の場合、文化一四年（一八一七）に、備中・美作《みまさか》一〇六か村の「飢窮御備」に当てるという仕法替えが代官所から提案されますが、一五か村の強い抵抗でこの試みは失敗します。領主（この場合は代官所）の側は、限られた資金を支配地全体の運営に有効に活用したいと考えたのですが、地元の抵抗に勝てませんでした。

さらに、嘉永二年（一八四九）には、哲多郡一〇か村・阿賀郡一四か村・川上郡一二か村の備中国三郡を対象とする仕法替えを提案します。これにも哲多郡一〇か村は、従来どおりの一五か村「永久御備」という由緒を主張して抵抗し、紛争は安政三年（一八五六）まで続きます。

拝借が既得権化しているのですが、そのことが地域間利害の対立を生み出すことにも注意が必要です。このときは、一五か村側も、結局は領主側の広域化の要請に抵抗しきれませんでした。

近隣の組合村と徹底して対立することは、できなかったということでしょう。

天保九年（一八三八）、倉敷の豪農商ら二〇人が倉敷代官所の要請を受けて、哲多郡危急御救のために約五〇〇石を供出しています。豪農商たちが領主によって広域の救恤に動員されるのと、狭い組合村の既得権を守ろうとする村々の姿とは、対照的です。

学習・教化と救恤

地域における救恤活動は、領主によって主導され、そのもとで鉄山師や豪農商が動員されます。彼らのこうした公共的な役割は、領主からも民衆からも期待されていたものです。

北原糸子さんがつとに指摘したように、『仁風一覧』の刊行は、そうした世論を示すものでした。彼らの「仁」の意識を支えたのは、儒学の学習です。大坂平野郷の含翠堂《がんすいどう》が施行を行い、倉敷義倉の義衆が教諭所の運営にあたったことは、『徳川社会のゆらぎ』でもふれています。

最近の書物史・読書史の研究は、上層農民の学習世界を豊かに描き出しています。彼らは村の「治者」であり、地域の「治者」でありました。彼らは、その立場を自覚すればするほど、学問への傾倒を深めました。

たとえば、上総《かずさ》国佐原の名主伊能景利は、古今の書物のなかから教訓となる章句を抜き出して、

「千代古見知《ちよのこみち》」正続一六冊を遺していますが、それを読むと、読書が彼の人格形成に果たしていた役割がよくわかります。

その一節に、「経曰、慈悲ハ諸善ノ根本諸仏ノ体也、世財ヲ施ス計《ばかり》慈悲にはあらず、志ヲ以可到也、但シ能《よく》勘弁致シ、財施をも相応に可行事也、易《えき》ニ云、積善ノ家ニハ必有余慶」とあります。学習が、「私的利害」追求を抑制するモラルの形成を促しました。自律的自己形成と公共的役割の自覚とが一体であるところに、地域の「治者」たちの学習の特徴があります。

一八世紀に始動した地域の学習運動は、一般の村人・町人に対する教化活動をともなって展開するようになります。天明飢饉後の救恤に功績のあった代官早川八郎左衛門は、上層農民による典学館や敬業館の運営を支援するとともに、「久世教条」の配布などによる教化活動を行いました。天保期（一八三〇〜四四年）の倉敷では、上層民が自主的に儒学学習を行う明倫館と、町内ごとに心学講話を聴取させる自省舎とが、教諭所のなかに併存していました。

徳川日本の公共は、人びとに「分」相応の役割を期待するものでしたが、救恤の繰り返しは民衆のあいだでも、「仁」の実践を期待される上層と、倹約・勤勉の徳目を身に付け救恤を受けずに「自立」することを求められる中下層、救恤を従順に受けるばかりの最下層、という階層の境界線を明確にしていきます。

地域と「公儀」

つぎに、徳川日本の地域セクショナリズムの問題を、備前・備中・美作三国における濁水問題を例に考えてみたいと思います。

この三国を南北に流れる河川の流域では、上流の中国山地で行われていた鉄生産のための鉄穴《かんな》流しによって、下流域での濁水問題が起こっていました。濁水は農業や河川漁業への影響だけでなく、河床への土砂の堆積による河川舟運や用水取水の障害にもなったのです。江戸時代の公害問題のひとつとして知られるものです。

備中国松山川（高梁川《たかはし》）下流域で濁水差し止め訴訟の主体となったのは、取水口を単位とする井組（用水組合）の連合でした。基礎には、用水利用をめぐる組合としての日常的な結集があるのですが、そのうえに濁水問題では、領主を超えた数郡にわたる結集が行われているのです。郡中議定を繰り返すような恒常的な「組織」ではありませんが、訴訟が繰り返されるなかで、課題に応じて結集する「地域的まとまり」が形成されていました。

地域を越える紛争は、幕府に提訴されます。訴訟主体は百姓たちですが、その背後には藩が控えていました。上流での鉄生産に関わる勝山藩・広島藩・鳥取藩に対して、中流域の津山藩や下流の岡山藩が、地域利害の代弁者として、さまざまな働きかけを行っています。

ただし、領主の利害関心は、自領域を越えることはありません。こうした紛争で、幕府は「公儀」として、調停に終始するのが一般的でした。

濁水訴訟の裁許では、鉄穴数や稼業期間の制限が命じられました。裁定は、既得権益を保障しつつ双方の利害の折衷（痛み分け）を図るにとどまるのが常でした。

地域間利害を超える「より高い」価値は、むしろ地域の企業家によって担われるようになります。美作の鉄山師徳山類太郎は、訴訟に際して「鉄製之具無之候ては、士農工商共各其職業を勤る事あたはすして、片時も立行《たちゆき》不申、誠ニ鉄恩之深ク貴き事可相感…、御国家之御為と相成候」「真《ま》鉄《がね》吹《ふく》吉備と被称候て、諸国へ対し候ては、御国之誉れとも相成候」と述べています。

享保期の殖産興業策以来、地域の「治者」たちが「国益」と「民富」の担い手として登場することは、『徳川社会のゆらぎ』でもふれています。彼らにとって地域産業は、「国益」に叶うものであるとともに、国家に対する地域の貢献を示す誇りでもあったのです。

東日本大震災によって、あらためて「地域」のあり方が問われています。地域内での絆や地域間利害と地域を越える連帯といった問題に、一人ひとりがどう向き合うのか。政府や自治体、民間はどう関わるのか。徳川日本以来の歴史的経験が振り返られてよいと思います。

「しあわせ」の歴史学

「しあわせ」とは

世界は、突然断ち切られる生、理不尽な死に満ちています。そのことは、二〇〇一年九月一一日や二〇一一年三月一一日の事件によって、衝撃的に示されました。最近では、むしろ世界各地でそうした状況が日常化している、とさえいえるでしょう。

しかし、それを「衝撃」と感じるのはある環境にいる一部のひとであって、現在も過去も人間の社会は、理不尽な死に満ち満ちているといったほうがよいかもしれません。そのなかで、ひとは何を頼りに生きるのでしょうか。「生存」の環境を語るだけでなく、生きる「しあわせ」について語る歴史学があってもよいと考えます。

徳川日本人は、どのように「しあわせ」を感じたのでしょうか。

徳川日本では、「しあわせ」は「仕合」と書かれます。『日本国語大辞典』によれば「しあわすこと」。「しあわす」は「つじつまをあわせる。うまくやりおおせる。間に合わせる」とあります。物事を目的や計画に合わせて実現できたときに得られる感情といってよいでしょう。もちろんそれは、結果的に「楽」や「福」につながるのですが、あくまで「楽」や「福」は結果であって、「しあわせ」は物事を成し遂げることのうちにあると考えます。

以下、「しあわせ」をめぐるいくつかの切片を示してみたいと思います。

「楽隠居」の条件

四五歳までは「家」のために稼ぎ、その後は「楽」して遊ぶ。井原西鶴の有名な人生観です。しかし、「楽隠居」が可能になるのは、「家」をたしかにつぎの世代につないだうえのことでしょう。彼らのあいだでは、個人の「しあわせ」が組織や集団の存在に優越することはありません。個人の「しあわせ」より、「家」の存続が重視されるのです。

第三講で取り上げた川越の商人榎本弥左衛門は、二〇歳で「只今より廿年、商《あきない》ニ情入かせぎ候はゞ、身上を仕上げ可申候、頓《やが》て女房可置候間、子をもち四十才過候はゞ、らくをも可仕」と考えました。「家」を子どもに渡したのちの「楽隠居」が夢でした。

しかし、目論見どおりにはいきません。まず跡継ぎを得なければなりませんし、その跡継ぎがしっかりしなければなりません。五九歳になっても、息子は「商いしどけな」く「迷惑」でありました。当初の目論見とは大きく違って、「らく」を感じることはありませんでした。

もちろん、身心の健康も「しあわせ」に関わっています。不健康では「家」のために働くこともできません。弥左衛門は五三歳のときに、「大物わすれニて、めいわく」と感じ、再びはやく隠居したいと思います。その後も年ごとに、身体の衰えを歎く言葉が続きます。六〇歳には「あるく事不自由、気おとろへ申候、死事をおもい申候、物わすれ、目見へず、耳聞こへざる事、気毒也」と記しています。

加齢による身心の衰えは、やむをえないものと受け容れることも可能でしょう。しかし、家業の行く末がみえない弥左衛門に、その衰えは、よりつらいものであったろうと想像されます。

「しあわせ」は循環する

日本民俗の特徴として、「ハレ」と「ケ」の循環ということがよく指摘されます。「ハレ」と「ケ」のあいだに「ケガレ」の状態をおき、「気が枯れた」危機的状態とみて、「ハレ」の行事によって「気」を充塡し、再び「ケ」の日常に帰るという考えもあります。

日常と非日常の循環は、「苦」と「楽」の循環でもあります。こうした意識のもとでは、「しあわせ」も固定的・継続的なものではなく、循環するものととらえられるでしょう。

大きな災害が起こったあとでは、民衆のあいだに「世直り」を待望する意識が広がります。凶年に年の途中で「正月」をして、福楽を呼び戻そうとする習俗もあります。「はやり正月」といいますが、新しい年の「福」を願う「世直り」意識によるものです。「世直り」は幸／不幸のリセットだと言いかえてもよいでしょう。

小林一茶に、「とく暮れよことしのやうな悪どしは」「世の中はどんどゝ直るどんど哉《かな》」という句があります。「世直り」による「しあわせ」の到来を願うものだと考えられるでしょう。

「余慶」としての「しあわせ」

循環する幸／不幸は、やがて流転する生のうちに相対化されることになります。先に伊能景利にみた、今の「しあわせ」は先祖の「余慶」だという意識です。

そもそも景利にとっては、「憂喜あひまじハりて悦びの中の歎、なげきの中のよろこび、いづれ盛衰のためし、なげきも終り有、悦びもすへ有、憂喜あらたまりてやすき事なし」というように、幸／不幸は一方的なものではなく、並存しているものです。しかも、「同じ人間に生来て貴人高人貧福のわかち有、何れも前果の報ふ所にて心のまゝならず」というように、「因果応報」はままならないものです。

「報」はすぐに現れるとは限りません。子孫の未来のことかもしれないし、来世のことかもしれません。今はみえない「しあわせ」のほうが多いに違いありません。それが、未来や来世への希望でもあります。いずれにしても、「しあわせ」は不確かなものです。

だから、いつかくる「しあわせ」を信じてひたすら努力する。眼前の結果に惑わされずひたすら働けば、その働くことのうちに「しあわせ」が感じられるようになる。相対化の努力が、全体的な肯定に至るような「しあわせ」観がほのみえると思います。

「諦め」とともにある「しあわせ」

どうも徳川日本人の「しあわせ」は、「わが世の春」を謳歌するとか、「しあわせ」の満面開花とはいかないようです。「しあわせ」は、ある種の「諦め」とともにあるというか、「諦め」と裏腹の関係にあるようです。

一茶の「目出度さもちう位也おらが春」という句が浮かびます。「ちう位」というのは上と下のあいだの中位という意味ではないそうです。「あやふや、いい加減、どっちつかず」という信州方言とのことです。この句の詞書きに、「ことしの春もあなた任せになんむかへける」とあります。目出度いには違いないのですが、「あなた任せ」の「しあわせ」なのです。一茶の句には、どこか「諦め」の気配が濃く漂っています。

同じ正月の句に、「わが春やタドン一ツに小菜一把《わ》」という句もあります。明らかに孔子の弟子の顔回の「一箪《いったん》の食《し》、一瓢《いっぴょう》の飲《いん》」が踏まえられているに違いありません。「やれやれ」といった苦笑いをともなっているでしょうか。それでも、「知足」の境地といってよいでしょう。

徳川日本人は「分」の世界に生きていました。だから「しあわせ」も、「分」相応なものでなければなりません。「知足安分」を消極的・退嬰的人生観だとみる必要はないと考えます。「分」相応を突き詰めることも、積極的な人生観だと評価できると思います。

働くことと「しあわせ」

だから当然、「しあわせ」は物質的な豊かさではありません。与えられた職分を尽くすことのなかに「しあわせ」はあるのでしょう。逆に言えば、働くことのなかにしか「しあわせ」はない。

一茶の「しあわせ」の中途半端さは、彼の「遊民」という自意識にも由来するものでした。「春がすみ鍬《くわ》とらぬ身のもつたいな」「穀《ごく》つぶし桜の下にくらしけり」。春霞や桜の下にくらす「しあわせ」も、「鍬とらぬ身」の「穀つぶし」には、喜びは「ちう位」でしかないのでしょう。

「鍬とる身」の「しあわせ」は、自然と身体が寄り添ううちにあります。加賀の老農鹿野《かの》小四郎は言います。「夕涼ミ其儘《まま》見ツル賤《しづ》ノ男《お》ガ、テヾレノ衣短カ夜ノ月、此真楽ヲ見ヨ」。「テヾレノ衣」は襦袢《じゅばん》のこと。「短カ夜」ですから季節は夏。耕作のあと、くつろいだ姿で夕涼みをしながら月を見る。その瞬間にこそ、真の「楽」があるというのです。この喜びは、陶淵明《とうえんめい》の詩の世界に通じるでしょうか。鹿野小四郎クラスの分際なら、十分に淵明の世界にふれられたと思います。久隅守景《くすみもりかげ》の『納涼図屏風』に描かれた境地でもあるでしょう。

徳川日本人に、「のらくらする」(働かない)「しあわせ」はあったでしょうか。「怠け者の倫理」を擁護する文化はあったでしょうか。民話「三年寝太郎」もいつもは何もせずに寝てばかりですが、最後に大きな「働き」をします。土屋又三郎の『農業図絵』に描かれた「遊び日」の情景では、男たちは寝そべって酒を飲みながら談笑しています。しかし、翌日になれば、みな額に汗して働いているでしょう。働かないのは、つぎにより働くためであるのです。

徳川人に「遊びのための遊び」は存在するのでしょうか。あるとすれば、その典型は遊所でしょうか。そこでは富も蕩尽《とうじん》されます。しかし、その遊びは非日常世界に隔離されています。遊びを日常にもち出さないのが遊びのルールでした。それが「通《つう》」というものです。しかし、時に逸脱する「野暮《やぼ》」な者が出ます。だから、遊所は悪所と措定しておかなければならなかったのです。

働かない喜びも遊ぶ楽しさも、結局、循環論的「しあわせ」観のうちに包摂されることになるでしょう。

久隅守景『納涼図屛風』 守景は狩野探幽に学び、加賀金沢に住んだこともある。夫は「てでれ」姿で、妻は腰巻き姿で、夕顔棚から月を見る。労働のあとでくつろぐ家族のしあわせ。

隠棲の「しあわせ」

竹林の七賢人のような隠棲《いんせい》は文人の憧れでありましたが、それも多くは、「楽隠居」を前提としたものでした。そうでなければ「家」から離れて生きること、つまり「出家」しか道はなかったように思います。では、「家」を離れて庵に隠棲する良寛は、「しあわせ」だったのでしょうか。

文政一一年（一八二八）一一月一二日に起きた三条大地震にふれた良寛の有名な書状があります。又従弟の酒造家山田杜皐《とこう》にあてたもので、ときに良寛は七一歳でした。

地しんは信に大変に候。野僧草庵ハ何事なく、親るい中、死人もなく、めで度存候。

うちつけに　しなばしなずて　ながらへて　かゝるうきめを　見るがはびしさ

しかし、災難に逢時節には、災難に逢がよく候。死ぬ時節には、死ぬがよく候。是ハこれ災難をのかるゝ妙法にて候。かしこ大地震にも親族に死者が出なかったのは、まずはめでたいことだ。他方、突然の死の境界《きょうがい》をたまたま生き延びて、その惨状に接することは侘びしい限りです。「しかし」、災難も死も避けられないもので、そのままに受け容れるしかない。それがその境界を生き延びる知恵なのです。

晩年の良寛の隠棲生活は、親族に支えられたものでした。出家した良寛の「しあわせ」も、最終的には「家」から離れることはありませんでした。そしてその家人に、運命を従容と受け容れるように、出家として「妙法」を説くのです。良寛にとっても生の「しあわせ」は、つねに「諦め」と裏腹なものなのです。

三浦命助の離陸

徳川日本人の心性に根ざしながら、そこから離陸しようとした三浦命助の営みを、かつて『性と身体の近世史』に描きましたが、その意味は「その後」の作業を踏まえてみると、つぎのように言いかえることができると思います。

命助の離陸は、「ヨグヲハナレル」ことからはじまりました。それは、「家」や「村」につながる世界からの離脱を意味していました。「生存」を保障されていた扶養関係からの別離です。それは、「世間」に「生きる」覚悟でありました。

「世間」を生きる拠り所は、「ソロバント手シゴト」といわれる「ゲイ」（芸）であり、それは「ゼニヲトルテド」でありました。「テド」というのは手段という意味です。また、「世間」では「アイケウヤワラカ」であることが求められます。「アイケウ」は愛敬、他人を大切にし尊ぶこと。「アイケウヤワラカ」であれば「福徳集マル」、つまり「しあわせ」になることができるのです。「世間」は相身互《あいみたがい》いの世界です。だから、「（諸人ニ）御施行被成候程、仕合ヨロシク相ナリ可申候」と命助は言います。「施行」が「仕合」を呼ぶ。「世間」に生きる「しあわせ」は、相身互いの「しあわせ」なのです。

命助は北海道に移住して、家族が身を寄せ合って生きることを希望しました。「大勢ノ子宝」にめぐまれ、「家内ムツマシク」「我身タツサ（達者）ニタモツ」ことが命助の希望であり、「しあわせ」でありました。この家族が、無縁の「世間」を生きる新しい拠り所です。

これは、きわめてシンプルな人生観といってよいでしょう。それが、災害の時代を生き抜いて、つぎのステージに進もうとする東北人の決意であったのです。

おわりに

時代閉塞の状況が続くなかで、徳川日本を現代と比べて、あたかも理想的な社会であるかのように描く風潮があります。大震災に際しても、日本の伝統精神を賛美したり、伝統社会への回帰を説くような言説が一部にあり、気になります。安易な無い物ねだりは、歴史によるしっぺ返しを受けるでしょう。徹底した現実に対する分析なくして、歴史は何も語りません。

最近読んだ二冊の書物が、わたしには示唆的でした。

一つは、池内了さんの『科学と人間の不協和音』です。池内さんによれば、現在は、科学と人間の不協和音が激しくなっている時代だということです。これは別の言い方をすれば、人間と自然の不協和ということでもあります。つまり、人間は自然とも科学とも不協和を起こしているのです。

そこでこれからは、地下資源文明から地上資源文明へと転換しなければならないと、池内さんは提言します。地下資源文明は、大型化・集中化・一様化を特徴としていましたが、地上資源文明では、必然的に小型化・分散化・多様化に至ると主張しています。

二つは、野田正彰さんの『災害救援』です。奥尻島津波から書き起こされ、阪神・淡路大震災の半年後に出版された本書は、東日本大震災後に緊急復刊されました。そこで野田さんも、上意下達の組織・権威主義的な人間関係の文化から、民主的で自発的な人間関係・小集団が自生していく文化への転換を説いています。

二人の主張が共鳴する部分は多くあります。もちろん、現実は限られた世界に自足することを許さないでしょう。すべてが地球規模の連関のなかで推移しており、地球規模での解答にリンクしないような前進はありえません。

しかし、だからこそ「身の丈」であることが必要だと、わたしは考えます。個人の身体感覚から出発し、たしかな手がかりを通じて上昇下降を繰り返し、再びわが身の行動に返ってくるような思考と方法が求められていると思います。

かつて大きな歴史と小さな歴史が論じられたことがありました。そこでの問題は、対象ではなく方法であるはずでした。「身の丈」の歴史学は、身体から出て身体へ戻るサイクルとしての全体史でなければならない。わたしにとっての「生きること」の歴史学とは、そのようなものだと考えています。

あとがき

本年（二〇一五年）三月で大学を定年で退職する。だから、この本はわたしの最新講義であるとともに、最終講義でもある。講義は得手ではないし、あまり好きでもない。それでも、一所懸命に準備することは楽しいし、話しているうちに準備しているときには考えていなかったことに気づいて、うれしくなることもある。講義を続けることで研究することができたのも事実だ。こうした仕事の場を与えられたことを本当に感謝している。一つひとつの講義の成り立ちについて説明しておきたい。

第一講　歴史学とわたし

わたしたちの文学部では、二年次から五つの専修コースに学生を配属するため、その選択の便宜をかねて、一年次生向けの「人文学への招待」という授業を、各専修コースがそれぞれ開講している。

歴史文化学コースでは、①わたしと歴史学、②名著と歴史学、③モノから見る歴史、という三つのパートを設け、所属教員がそのうちどこかの一コマを担当して、全体で一セメスター分の授業をする。わたしは、この授業がはじまった当初から、①わたしと歴史学というパートの最初に、「歴史学とわたし」という講義を行ってきた。

この第一講は、その内容を文章化したものだ。実際の講義では学生への読書案内もかねて、できるだけ多くの作品を紹介しているが、ここでは論旨を重視してその点は抑制した。

第二講「生きること」とジェンダー

一九九四年以来、教養教育の一コマとして、ジェンダーをテーマとした授業をコーディネートしてきた。テーマは時に応じて変化し、そのつどまとめとして講義録を編集してきた。二〇〇七年度からは「生きることとジェンダー」というテーマで授業を行ってきたが、諸般の事情で、残念ながらこのテーマの授業を書物にすることはできなかった。

この授業でわたしは、毎年「開講にあたって」と「まとめの講義」を行うが、第二講はその「開講にあたって」をアレンジしたものだ。ここでは、この二〇年間の授業のあゆみを補足した。それは、このテーマについてのわたしの関心のありかを示すためにも必要だと考えたからでもある。授業で講義してくださったすべてのみなさん、とりわけ一貫して協力をおしまれなかった沢山美果子さんに、あらためて感謝の意を表したい。

第三講　徳川日本のライフサイクル

「生きることとジェンダー」の授業でわたしは、二コマ続きの「ライフサイクルとジェンダー——近世を中心に——」という講義をしている。実際の講義では、『徳川社会のゆらぎ』第四章「『いのち』の環境」で述べた事柄を含めて話しているので、ここではそれと重複しない部分を中心に、再構成してみた。

第四講　徳川社会をどうみるか

二〇〇八年一一月九日に、東京の青山スパイラルホールで小学館「日本の歴史」刊行一周年記念講演会が開催され、わたしの講演と作家の宇江佐真理さんとの対談が行われた。

第四講の前半は、「江戸の文化と庶民のくらし」と題して行った当日の講演原稿にもとづいている。それをのちに「徳川社会をどうみるか——『日本の歴史』の編集に参加して——」と題を改めて、『日本史研究室通信』第三一号（二〇〇九年三月）に掲載した。今回それを訂正したものを収めた。

講演の機会を与えてくださった小学館の関係者の皆さん、お忙しいなか函館からお越しいただき、お付き合いくださった宇江佐さんに感謝いたしたい。なお、この講義に関わるものとしては、『徳川社会のゆらぎ』をめぐる対話」（『岡山大学文学部紀要』五一、二〇〇九年）という文章も書いている。お目にとまることがあれば、見ていただけると幸いである。

第四講の後半は、二〇一三年七月二八日に東京の立教大学で開かれた、大門正克・岡田知弘・川内淳史・川西英通・高岡裕之編『「生存」の東北史―歴史から問う３・11―』の合評会での報告を文章化したもの。この本については、すでにいくつかの優れた書評が書かれている。わたしの書評に意味があるとすれば、江戸時代を勉強している者からの発言だということだけだろう。なお、大門さんが関わられた一連の仕事については、「書評・『近代社会を生きる』『戦後経験を生きる』を読んで」（『岡山地方史研究』一〇四、二〇〇四年）、「小学館『日本の歴史』（近代）を読む／江戸時代からの感想二、三」（『岡山地方史研究』一二〇、二〇一〇年）も書いている。対象も形式も異なる二つの文章が一つの講義に収まるとすれば、それは話し手が同じわたしだという以外に理由はないだろう。

第五講　人生を語る資料

一九七九年から八四年まで岡山民権百年記念事業が行われ、その活動を継承するかたちで岡山歴史文化協会が組織された。この会の活動は数年で終わるが、岡山歴史文化ブックレットを三冊刊行している。そのNo.３で、わたしはひろたまさきさんと「歴史学と自分史」という対談をした（一九八六年）。第五講は、その対談を大もとに、最近資料を見ながら感じていたことをスケッチ風に述べてみたものだ。

近年、歴史資料としての日記や自伝が注目されている。それは「エゴ・ドキュメント研究」という新しい歴史学のあり方を提案するまでになっていて、直近のものとしては『歴史評論』七七七（二〇一五年一月）号で、「伝記・評伝・個人史の作法を再考する」という特集が組まれている。こうした議論を踏まえて、あらためて江戸時代の日記資料については考えてみたいと思っているが、この講義はその助走の助走といったところか。

第六講　災害を記録する

二〇一一年の東日本大震災以降、あらためて江戸時代を通して災害と社会の問題を考えなければならないと思い、「江戸時代の災害と社会」という講義を二年間かけて行った。その内容は別にまとめたいと思っている。

二〇一三年度には北原糸子さんのお誘いで、内閣府（防災担当）が主催する「宝永地震の災害教訓に関する検討会」に、委員として参加した。北原さんとわたしを除いて、ほかはすべて自然科学の研究者というこの会は、わたしにとって本当に貴重な体験となった。各地で活動するいく人かの若い歴史研究者の方と交流できたのも、有意義であった。『一七〇七宝永地震報告書』が刊行され（二〇一四年三月）、内閣府のホームページでも見られるようになっている。

第六講は、その活動のなかで考えたことのうち、記録について取り上げたものだ。「災害記録論」といったことを、つぎの課題にしたいと思っている。

第七講　「身の丈」の歴史学——生活史と資料

この講義は三つの部分からなる。一つは、二〇一三年三月二日に岡山大学で開かれた「大規模自然災害に備える─災害に強い地域歴史文化をつくるために─」というフォーラムで行った基調報告を文章化したもの。これは同名の報告書が神戸大学大学院人文学研究科から発行されていて、それに掲載されたものをほぼそのまま収めた。

二つめは、一九九五年三月二一日に行われた吉井町史刊行記念講演会での講演「生活史と史料」を文章化したもの。『岡山地方史研究』七八（一九九五年）に掲載されたものを少し整理して収めた。三つめの「幕末の民衆と武芸」は、吉井町史を編纂する過程で出会った資料を紹介したもので、やはり『岡山地方史研究』五六（一九八八年）に掲載した。二つめの資料論の具体的な実践例として加えることにした。これも文章を少し整理して収めた。

吉井町史の仕事はかなり以前のものだが、最近のフォーラムでの話のベースになっているものなので、あわせて聞いていただきたいと思った。

わたしが災害と社会について考えるようになったのは、二〇年前の阪神淡路大震災からだ。この震災を契機に、古文書をはじめとした被災文化財を救出する「史料ネット」の活動が開始され、全国に広がった。わたしの住む岡山でも「岡山史料ネット」が組織され、活動を続けている。
この三〇年余り岡山県下の自治体史編纂に関わってきたが、地域史や地域資料をどう考えるかという問題が頭を離れることはなかった。「岡山から世界を語るのだ」という思いも強くなった。そうしたことを、大げさに言えば、歴史学のあり方として考えてみたというのが、この講義の意図だ。バラバラの話もその筋のもとに理解していただけるのではないかと思っている。

第八講　「生きること」の歴史学・その後

この講義は、二〇一二年三月一〇日に京都で行われた日本史研究会例会で報告したもの。文章化して『日本史研究』六〇四（二〇一二年一二月）号に掲載されたものを、少し整理して収めた。東日本大震災以来一年間考えたことをまとめたもので、忘れがたいものだ。企画してくださった上野大輔さん（当時同会研究委員）と一緒に報告してくださった小野将さんに、あらためて感謝いたしたい。

敬文舎の柳町敬直さんとは小学館の『日本歴史館』以来の、阿部いづみさんとは全集「日本の歴史」以来のお付き合いになる。自分自身の区切りとするために、新旧の駄文を取り混ぜて独白録のような本の企画を打診したところ、一も二もなく応じてくださった。喜んで船に乗ったところ、厳しい課題が課せられて恐慌をきたした。逃げられずに足りない頭を絞って、なんとかこのようなかたちにこぎつけた。もしこの本がひとに読んでいただけるものとなっているのなら、それはまったくお二人のお陰だ。

つたなくても研究と呼んでいただけるような作品を書きはじめて四〇年になる。ここまで来られたのは、本当に多くの先生・先輩・仲間の皆さまのご指導・ご支援によるものである。また、岡山大学文学部日本史研究室の諸先生・学生諸君には、一緒に楽しく勉強させていただいた。これらの皆さまに心から感謝の気持ちを捧げたい。

やりたいことはまだいくつかあるので、しばらくは努力を続けたい。

岡山から

二〇一五年二月一五日

倉地克直

▶徳山類太郎「濁水問題一件」は『岡山県史・美作家わけ史料』（岡山県、1989）に収録されています。
・倉地克直「働くことの発見」倉地克直・沢山美果子編『働くこととジェンダー』世界思想社、2008
・久留島浩『近世幕領の行政と組合村』東京大学出版会、2002
・桜井徳太郎「結衆の原点」鶴見和子・市井三郎編『思想の冒険』筑摩書房、1974
・佐竹昭『近世瀬戸内の環境史』吉川弘文館、2012
・清水隆久『近世北陸農業技術史』石川県片山津町教育委員会、1957
・竹内誠「幕府経済の変貌と金融政策の展開」『日本経済史大系 第4』近世・下、東京大学出版会、1965
・土屋又三郎「農業図絵」『日本農書全集』第26巻、農山漁村文化協会、1983
・寺田寅彦「災難雑考」（初出1935年）『地震雑感／津波と人間　寺田寅彦随筆選集』中央公論新社、2011
・東郷豊治編『良寛全集』東京創元社、1959
・トム・ルッツ『働かない』青土社、2006。▶ルッツは、「私たちの文化に内在する仕事と余暇との捻れた関係」のなかで、「怠け者」は両意義的な意味をもつが、最終的には秩序内に回収される、とみています。
・内藤湖南『支那史学史』（初出1949年）『内藤湖南全集』第11巻、筑摩書房、1969
・成田龍一「身体と公衆衛生」『講座世界史』４、東京大学出版会、1995
・日本史研究会編『日本史研究』594・2011年度大会特集号、2012。▶日本史研究会の大会テーマは、「『生きること』の歴史像」、全体会シンポジウムのテーマは、「歴史における『生存』の構造的把握」でした。なお、わたし自身の場合は、生命の客観的条件に力点がある場合に「生存」の語を使い、主体的側面に力点がある場合は「生きること」という表現を使うことが多いように思います。「『生きること』の歴史学」か「『生存』の歴史学」かという二者択一に意味があるとは思えませんが、それぞれに歴史に対するスタンスは表現しているでしょう。
・野田正彰『災害救援』岩波書店、1995、第3刷2011年
・ノルベルト・エリアス『文明化の過程』上・下、法政大学出版局、1977・78
・牧原憲夫『客分と国民のあいだ』吉川弘文館、1998
・丸山一彦校注『新訂一茶俳句集』岩波書店、1990。▶一茶については、青木美智男『一茶の時代』（校倉書房、1988）に教えられています。
・ミシェル・フーコー『監獄の誕生』新潮社、1977
・宮田登『ミロク信仰の研究』未来社、1975
・矢田俊文「中世・近世の地震災害と『生きていくこと』」『日本史研究』594、2012
・山本太郎『近世幕府領支配と地域社会構造』清文堂出版、2010
・横田冬彦「近世の学芸」『日本史講座6　近世社会論』東京大学出版会、2005。▶若尾政希さんを呼びかけ人とする「書物・出版と社会変容」研究会が『書物・出版と社会変容』を16号（2014）まで刊行し、多くの成果をあげています。
・横田冬彦「死と葬礼についての覚書」『千葉県史のしおり』8、2008。▶伊能景利の史料は『千葉県の歴史　資料編・近世5』（千葉県、2004）に掲載されています。
・吉川聡・梅田千尋「1999年度『第25回歴史学入門講座』の記録」『日本史研究』445、1999
・歴史学研究会編『歴史学研究』「特集・歴史のなかの『貧困』と『生存』を問い直す―都市をフィールドとして―」（Ⅰ）～（Ⅲ）、886～888、2011～12
・レベッカ・ソルニット『災害ユートピア』亜紀書房、2010
・ロベール・ミュシャンブレッド『近代人の誕生』筑摩書房、1992

史料・第２巻別巻』（社）日本電気協会、1982
・東京大学地震研究所編『新収日本地震史料・第３巻別巻』（社）日本電気協会、1983
・内閣府（防災担当）編『1704 元禄地震報告書』内閣府、2013
・内閣府（防災担当）編『1707 宝永地震報告書』内閣府、2014
・藤井忠「金五郎文書―歳代覚書―原本を探索」『田原の文化』39、2013
・藤城信幸「『鵜飼金五郎文書』に記された宝永地震による野田村の被害と地盤との関係」『田原市博物館研究紀要』3、2008
・宮川葉子校訂『楽只堂年録』第１〜第3、八木書店、2011 〜 14

第七講

・池内了『科学の限界』筑摩書房、2012
・有漢町教育委員会編『有漢町史』地区誌編、有漢町、1997
・立石憲利「伝承にみる水害」岡山理科大学『岡山学』研究会編『岡山の「災害」を科学する』吉備人出版、2012
・邑久町史編纂委員会編『邑久町史』地区誌編、邑久町、2005
・奥村弘編『歴史文化を大災害から守る』東京大学出版会、2014。▶「岡山史料ネット」の活動については、この本で今津勝紀さんが「予防ネットという考え方」という文章を書いています。
・熊山町史編纂委員会編『熊山町史』大字史、熊山町、1993
・高橋敏「幕藩制下村落における『武』の伝承―農民剣術の虚と実―」『季刊・日本思想史』29、ぺりかん社、1987。▶高橋さんは、『国定忠治の時代』（平凡社、1991）でも「任侠」と武芸について興味深く論じています。
・竹内流編纂委員会編『日本柔術の源流竹内流』日貿出版社、1979
・建部町編『建部町史』地区誌・史料編、建部町、1991
・長光徳和編『備前備中美作百姓一揆史料』第四巻、国書刊行会、1978。▶鶴田騒動の経過については、とりあえず『岡山県史』第９巻・近世Ⅳ（岡山県、1988）を参照してください。
・松村啓一「山伏慈教院と本多応之助―『鶴田騒動』における在地『知識人』の動向―」『岡山県史研究』6、1984
・宮地正人『歴史のなかの新選組』岩波書店、2004
・八日市市史編さん委員会編『八日市市史』第３巻・近世、八日市市、1986
・吉井町史編纂委員会編『吉井町史』全３巻、吉井町、1991 〜 95

第八講

・安藤精一『近世公害史の研究』吉川弘文館、1992
・池内了『科学と人間の不協和音』角川書店、2012
・岩城卓二「近世の『生存』―人口動態を中心に―」『日本史研究』594、2012
・大塚英二『日本近世農村金融史の研究』校倉書房、1996
・鹿野政直「桃太郎さがし」朝日百科・歴史をよみなおす 23、朝日新聞社、1995
・菊池勇夫『幕藩体制と蝦夷地』雄山閣、1984
・北原糸子『都市と貧困の社会史』吉川弘文館、1995
・北原糸子編『日本災害史』吉川弘文館、2006。▶東日本大震災後には、『歴史学研究』884 が「緊急特集　東日本大震災・原発事故と歴史学」を組んでおり、『日本史研究』597 も「特集　歴史に見る防災・減災・復興」を行っています。
・北原糸子・松浦律子・木村玲欧編『日本歴史災害事典』吉川弘文館、2012。▶人文・社会科学者と自然科学者が共同で制作した成果として貴重です。
・倉敷市史研究会編『倉敷市史４・近世（下）』倉敷市、2003
・倉地克直「境界をこえる」谷口澄夫他編『岡山県の歴史』ぎょうせい、1996。

・水本邦彦『徳川の国家デザイン』（日本の歴史・第10巻）小学館、2008
・山口弥一郎『津浪と村』（石井正己・川島秀一編）三弥井書店、2011
・山下祐介『東北発の震災論―周辺から広域システムを考える―』筑摩書房、2013
・ロナルド・トビ『「鎖国」という外交』（日本の歴史・第9巻）小学館、2008
・渡辺尚志『幕末維新期の名望家と地域社会』同成社、2014。▶渡辺さんが中心になって編集された『近代移行期の名望家と地域・国家』（名著出版、2006）や、「神奈川の左七郎と山口の勇蔵」と副題された『東西豪農の明治維新』（塙書房、2009）も興味深いものです。

第五講

・色川大吉『ある昭和史』中央公論社、1978。▶その後色川さんは、戦後の「自分史」として、『廃墟に立つ』（小学館、2005）、『カチューシャの青春』（小学館、2005）、『昭和へのレクイエム』（岩波書店、2010）を著しています。
・倉地克直『池田光政』ミネルヴァ書房、2012
・富田正文校訂『新訂・福翁自伝』岩波書店、1978。▶福沢諭吉についても膨大な研究があります。なかでも丸山真男さんのお仕事には教えられるところが多くあります。丸山真男『「文明論之概略」を読む』上・中・下（岩波書店、1986）は、福沢の思考を理解するとともに、テキストの読み方としても示唆されるところ大です。
・西川祐子『日記をつづるということ』吉川弘文館、2009
・ひろたまさき『福沢諭吉』朝日新聞社、1976
・ひろたまさき『福沢諭吉研究』東京大学出版会、1980
・深谷克己『近世人の研究』名著刊行会、2003。▶取り上げられた5人は、池田光政・榎本弥左衛門のほか、壺井五兵衛・山本平左衛門・朝日文左衛門です。百姓一揆の指導者の評伝である『八右衛門・兵助・伴助』（朝日新聞社、1978）、『南部百姓命助の生涯』（朝日新聞社、1983）も注目すべきお仕事です。
・福田英子『妾の半生涯』（解説・絲屋寿雄）岩波書店、1958。▶福田英子は旧姓景山。その評伝としては、村田静子『福田英子』（岩波書店、1978）が優れています。
・松平定光校訂『宇下人言・修行録』岩波書店、1942。▶藤田覚『松平定信』（中央公論社、1993）は外交と朝廷関係を中心に、寛政の改革のとらえ直しを行っています。
・松永昌三『福沢諭吉と中江兆民』中央公論社、2001
・松村明校注『折たく柴の記』岩波書店、1999。▶新井白石についてはたくさんの優れた研究がありますが、加藤周一「新井白石の世界」『日本思想大系・新井白石』（岩波書店、1975）は白石を多面的にとらえていて興味深いものです。

第六講

・宇佐美龍夫他『日本被害地震総覧599-2012』東京大学出版会、2013
・川越市立博物館編『柳沢吉保とその時代』川越市立博物館、2014
・北原糸子「城郭被害図にみる宝永地震」『1707宝永地震報告書』内閣府、2014
・久保高一編『伊能忠敬測量日記：文化五年四国全域の原文・解読』明浜町教育委員会、1984
・倉地克直「『谷陵記』をめぐる二、三の問題」『1707宝永地震報告書』内閣府、2014
・倉地克直「宇賀家文書『宝永四亥年大変注進一巻』について」『1707宝永地震報告書』内閣府、2014
・高知県人名事典編集委員会編『高知県人名事典』高知市民図書館、1971
・寒川旭『地震の日本史―大地は何を語るのか―』中央公論社、2007
・東京大学地震研究所編『新収日本地震

・女性史総合研究会編『日本女性生活史』全5巻、東京大学出版会、1990
・ジョーン・W・スコット『ジェンダーと歴史学』平凡社、1992
・ジョーン・W・スコット『［増補新版］ジェンダーと歴史学』平凡社、2004
・曽根ひろみ『娼婦と近世社会』吉川弘文館、2003
・西川祐子・荻野美穂編『共同研究　男性論』人文書院、1999
・ひろたまさき『女の老いと男の老い―近代女性のライフサイクル―』吉川弘文館、2005
・本田由紀「市場主義の波 家族・教育にも」『朝日新聞』2008年10月27日「経済危機の行方 世界は」
・松井やより『北京で燃えた女たち』岩波書店、1996
・妻鹿淳子『近世の家族と女性―善事褒賞の研究―』清文堂出版、2008
・藻谷浩介・NHK広島取材班『里山資本主義』角川書店、2013
・柳谷慶子『近世の女性相続と介護』吉川弘文館、2007
・藪田貫「近世女性のライフ・サイクル」前掲『日本女性生活史3・近世』
・藪田貫「近世社会と性差」『日本史講座6・近世社会論』東京大学出版会、2005
・脇田晴子／S・B・ハンレー編『ジェンダーの日本史』上・下、東京大学出版会、1994・95

第三講

・伊南村史編さん委員会編『伊南村史・第5巻』資料編4（文献編）、伊南村、2000
・倉地克直「近世後期の農民家族―美作国勝南郡高下村の場合―」『岡山地方史研究』76、1994
・久木幸男・三田さゆり「19世紀前半江戸近郊農村における女子教育の一研究」『横浜国立大学教育紀要』21、1981
・横浜市教育委員会・横浜市文化財研究調査会編『関口日記』横浜市教育委員会・横浜市文化財研究調査会、1971～85

第四講

・青木美智男『日本文化の原型』（日本の歴史・別巻）小学館、2009
・朝尾直弘『将軍権力の創出』岩波書店、1994
・阿部謹也『刑吏の社会史―中世ヨーロッパの庶民生活―』中央公論社、1978
・阿部謹也『「世間」とは何か』講談社、1995
・網野善彦『無縁・公界・楽―日本中世の自由と平和―』平凡社、1978
・荒野泰典「近世の対外観」『岩波講座日本通史13　近世3』岩波書店、1994
・井上ひさし『吉里吉里人』新潮社、1981
・大門正克「序説『生存』の歴史学―『一九三〇～六〇年代の日本』と現代との往還を通じて―」『歴史学研究』846号、2008
・大門正克「歴史実践としての朝日カルチャーセンター講座―3・11後、東京から気仙沼へ―」『同時代史研究』5、2012
・大門正克「歴史実践としての陸前高田フォーラム」『歴史評論』769、2014
・大門正克・岡田知弘・川内淳史・河西英通・高岡裕之編『「生存」の東北史』大月書店、2013
・鹿野政直『日本の民間学』岩波書店、1983
・平川新『開国への道』（日本の歴史・第12巻）小学館、2008
・深谷克己『東アジア法文明圏の中の日本史』岩波書店、2012。▶深谷さんの出発点として、『百姓成立』（塙書房、1993）もお勧めです。
・松沢裕作『明治地方自治体制の起源』東京大学出版会、2009。▶松沢さんには、「市場」と「国家」というより大きな視点から「区切ること」の意味を論じた『町村合併から生まれた日本近代』（講談社、2013）もあります。

と歴史』岩波書店、1952。▶羽仁五郎がこの書を最初に翻訳したのは1926年。クローチェもファシズムに抵抗しつづけた歴史家でした。
・マルク・ブロック『歴史のための弁明』岩波書店、1956。▶マルク・ブロックおよび「アナール」派については、二宮宏之『マルク・ブロックを読む』(岩波書店、2005)が示唆的です。マルク・ブロックとリュシアン・フェーブルは、ナチス占領下のフランスでパルチザンに参加し、ブロックは捕らえられて銃殺されます。戦争を生き延びたフェーブルはブロックの思い出を、後掲の著書に書いています。
・リュシアン・フェーヴル『歴史のための闘い』創文社、1977

第二講

・赤松良子『志は高く』有斐閣、1990
・阿部恒久・大日方純夫・天野正子『男性史』全3巻、日本経済評論社、2006
・天野正子『老いの近代』岩波書店、1999
・アンソニー・ギデンズ『第三の道―効率と公正の新たな同盟―』日本経済新聞社、1999。▶ギデンズの考えは参考になりますが、「第三の道」も一つではないと思います。
・伊奈正人・鮎京正訓ほか編『性というつくりごと』勁草書房、1992
・上野千鶴子「歴史学とフェミニズム―『女性史』を超えて―」『岩波講座 日本通史 別巻1 歴史意識の現在』岩波書店、1995
・NHKプロジェクトX制作班編『プロジェクトX・6』日本放送出版協会、2001
・エリック・ホブズボーム『二〇世紀の歴史』上・下、三省堂、1996
・大門正克「書評・沢山美果子著『近代家族と子育て』」『総合女性史研究』第31号、2014
・岡田知弘「災害と開発から見た東北史」大門正克ほか編『「生存」の東北史―歴史から問う3・11―』大月書店、2013
・荻野美穂『生殖の政治学』山川出版社、1994
・荻野美穂『「家族計画」への道』岩波書店、2008。▶荻野さんのこうした研究の出発点となったのは「性差の歴史学―女性史の再生のために―」『思想』768号(1988)という論文です。これは長谷川博子さんの「女・男・子供の関係史にむけて―女性史研究の発展的解消―」『思想』719号(1984)という論文を批判したものです。お二人の議論に対するわたしの感想は、倉地克直「女性史への初心」『世界思想』24(世界思想社、1997)などに述べています。
・鹿野政直『婦人・女性・おんな―女性史の問い―』岩波書店、1989。▶鹿野政直『現代日本女性史』(有斐閣、2004)はフェミニズムを中心に第二次世界大戦後の女性の主張と運動を考察しており、あわせて参照されることをお勧めします。
・倉地克直・沢山美果子編『「性を考える」わたしたちの講義』世界思想社、1997
・倉地克直・沢山美果子編『男と女の過去と未来』世界思想社、2000
・倉地克直・沢山美果子編『働くこととジェンダー』世界思想社、2008
・古庄ゆき子編『資料　女性史論争』ドメス出版、1987
・子安宣邦「「女性」という視座と「女性史」」『江戸の思想』6、ぺりかん社、1997
・坂井博美『「愛の争闘」のジェンダー力学―岩野清と泡鳴の同棲・訴訟・思想―』ぺりかん社、2012
・嵯峨生馬『プロボノ―新しい社会貢献／新しい働き方―』勁草書房、2011
・沢山美果子『出産と身体の近世』勁草書房、1998
・沢山美果子『近代家族と子育て』吉川弘文館、2013
・女性史総合研究会編『日本女性史』全5巻、東京大学出版会、1982

参考文献

全編

・アマルティア・セン『貧困の克服』集英社、2002。同『人間の安全保障』集英社、2006。▶センの考え方については、アマルティア・セン／後藤玲子『福祉と正義』（東京大学出版会、2008）も参考になります。
・大口勇次郎『女性のいる近世』勁草書房、1995
・太田素子『子宝と子返し―近世農村の家族生活と子育て―』藤原書店、2007
・大藤修『近世村人のライフサイクル』山川出版社、2003
・大野瑞男校注『榎本弥左衛門覚書』平凡社、2001
・倉地克直『性と身体の近世史』東京大学出版会、1998
・倉地克直『江戸文化をよむ』吉川弘文館、2006
・倉地克直『徳川社会のゆらぎ』（日本の歴史・11巻）小学館、2008
・倉地克直「津波の記憶」水本邦彦編『環境の日本史4・人々の営みと近世の自然』吉川弘文館、2013
・沢山美果子『性と生殖の近世』勁草書房、2005
・塚本学『小さな歴史と大きな歴史』吉川弘文館、1993
・塚本学『生きることの近世史―人命環境の歴史から―』平凡社、2001
・哲多町史編集委員会編『哲多町史』通史編、資料編、新見市、2011
・森安彦「幕末維新期村落女性のライフ・コースの研究」『史料館研究紀要』16・17、1984・85

まえがき

・川田順造『無文字社会の歴史―西アフリカ・モシ族の事例を中心に―』岩波書店、1990

第一講

・阿部謹也『自分のなかに歴史をよむ』筑摩書房、1988。▶阿部さんには、別に『阿部謹也自伝』（新潮社、2005）もあります。阿部さんのお仕事は『阿部謹也著作集』全10巻（筑摩書房、1999～2000）で知ることができます。
・伊東俊太郎・広重徹・村上陽一郎『改訂新版・思想史のなかの科学』平凡社、2002。▶自然科学を含め歴史学以外のさまざまな学問分野の動向にも目をくばっておきたいものです。
・E・H・カー『歴史とは何か』岩波書店、1962。▶カーの歴史論については、後掲の遅塚著書に批判がありますが、わたしは正鵠を射ていないように思います。読み比べてみてください。カーについては、ジョナサン・ハスラム『誠実という悪徳』（現代思潮新社、2007）という優れた評伝があります。
・E・H・ノーマン『クリオの顔』岩波書店、1986。▶ノーマンは、〈非寛容で、非人間的で、愚昧な〉権力によって自殺に追い込まれます。ノーマンの生涯については、工藤美代子『悲劇の外交官ハーバート・ノーマンの生涯』（岩波書店、1991）があります。
・上原専禄「歴史研究の思想と実践」『上原専禄著作集25・世界史認識の新課題』評論社、1987。初出は1964年。
・上原専禄「アジア・アフリカ研究の問題点」同前、初出は1963年。▶上原専禄さんの歴史論については、吉田悟郎『世界史の方法』（青木書店、1983）、小谷汪之『歴史の方法について』（東京大学出版会、1985）に教えられました。
・大江健三郎『あいまいな日本の私』岩波書店、1995
・カルロ・ギンズブルグ『チーズとうじ虫』みすず書房、1984
・キャロル・グラック『歴史で考える』岩波書店、2007
・遅塚忠躬『史学概論』東京大学出版会、2010
・ベネデット・クロォチェ『歴史の理論

索引

000* —写真、図版のあるページを示す

日本歴史 私の最新講義 14
「生きること」の歴史学——徳川日本のくらしとこころ

2015年3月15日　第1版 第1刷発行

著　者　　倉地 克直
発行者　　柳町 敬直
発行所　　株式会社 敬文舎
〒160-0023　東京都新宿区西新宿 3-3-23
ファミール西新宿 405号
電話　03-6302-0699（編集・販売）
URL　http://k-bun.co.jp
印刷・製本　株式会社 シナノ パブリッシング プレス

造本には十分注意をしておりますが、万一、乱丁、落丁本などがございましたら、小社宛てにお送りください。送料小社負担にてお取替えいたします。

Printed in Japan ISBN978-4-906822-14-0